沖縄を語る

次代への伝言

ジョージ紫
北島　角子
安仁屋宗八
石川　真生
金城　雅春
大工　哲弘
上原　直彦
吉元　政矩
又吉　栄喜
仲田　幸子
山田　　實
上原　正三
吉田　妙子
目取真　俊
中山　きく
上原　昌栄
宮平　康弘
古堅　実吉
川平　朝清
上原美智子

沖縄タイムス社編

沖縄を語る　2　◎　もくじ

沖縄を語る　2

次代への伝言

本書は「沖縄タイムス」紙での同名連載第21～40回をまとめたものである。
肩書、年齢などはすべて連載時のままである。

基地の街　差別に怒り

ジョージ紫さん（66）

ミュージシャン

じょーじ・むらさき　1949年1月26日生まれ。沖縄市出身。4人きょうだいの長男。息子2人、娘1人の父親。1970年に「紫」を結成。メンバー計6人のリーダー、担当はキーボード。作曲家。78年に解散するも幾度か再結成し、2010年にはスタジオ録音としては34年ぶりのニューアルバムを発売。現在も精力的に活動を行う。8月8日には、本土で初演奏した40年前の日に合わせ、沖縄市で行われる「8・8　ロックデー」に出演する。

2015年6月14日掲載

ハモンドオルガンを倒しそうなほどの力強い演奏。時に激しく、時に優しく鍵盤から耳に響く音色。５月下旬、伝説のロックバンド「紫」を率いたジョージ紫さん(66)は、コザのライブハウスで息子２人や若いミュージシャンとステージに立っていた。普段、トレードマークのサングラス越しに見える穏やかさ、もの静かな印象はステージ上では一転、内に秘めた情熱を一気にはき出す。

小学生でピアノに触れてから、もうすぐ60年になる。ベトナム戦争が泥沼化していた１９６０年代後半から70年代の青春時代は、沖縄から戦場に送られる同世代の米兵たちを前に演奏していた。死を覚悟した若者が、沖縄でのひとときを熱狂する。演奏中のフロア内では、怖さを紛らわすかのように米兵たちが酒やドラッグを回し、ささいなことでけんかが始まるのも日常茶飯事だった。

親しかった先輩の戦死、米国の大学時代に経験した「徴兵」の恐怖。「何のための戦争なのか」と不条理に怒り、常に思っていたのは、ありふれた言葉だが「愛と平和」だった。

その言葉の根底には、幼いころに感じた人種差別や偏見ともつながる。生まれ育ったコザの街には、日系人、米軍人と沖縄の女性との間に生まれたハーフ、米国人やフィリピンなどのアジア系、そしてウチナーンチュが混在していた。近所や学校で遊ぶ子どもたちが、互いに悪口を言い合い、軽蔑する様子に「なぜ同じ人間なのに」と怒りを抑えきれなかった。

自身は、ハワイ生まれの日系２世の父と那覇市出身の母の間に生まれた日系３世。当時の国籍は米国で、基地内の学校に通っていたが、生まれも育ちも沖縄でウチナーグチを話していた。自分のアイデンティティーとは何か。星空を眺めながら「宇宙は広いのに、こんな狭い沖縄でなぜ言い争うのか」と悩んだ末、「僕は地球人、宇宙人」と考えるようになった。

今でも世界各地で絶えることがない地域紛争、テロ、貧困や人権侵害。戦後70年の今年、安倍政権が進める解釈改憲による集団的自衛権の行使容認で「平和」のあり方が根底から問われている。「なぜ、戦争をするのか。人間同士で殺し合うのか」「なぜ、人種や見かけの違いでいがみ合うのか」ベトナム戦争や基地のそばで暮らした少年時代の怒りを今に重ね、「家族を大事にする気持ちが、地域に広がって、国、世界へとつながる」と強く訴える。

米軍普天間《ふてんま》飛行場の返還に伴い、国が強行に進める名護市辺野古《へのこ》の埋め立てには、自然への影響を危惧し「子や孫に何を残せるか。沖縄の美しい海を残したい。辺野古の海も何もしないほうがいい」との思いだ。

クラシック以外は音楽じゃないと思っていた内気な少年は今、「ロックには人間が求める本当の自由がある。自由な発想でやっても誰にもとがめられない」と、沖縄で感じる喜びや楽しさ、不条理への怒りや悲しさを演奏に込める。


（社会部・吉川毅）

―ジョージさんの出生は。

「北中城村《きたなかぐすく》出身の祖父は、明治時代にハワイに移民していた。父はハワイ生まれ日系2世の軍属で、戦後まもなく方言の通訳も兼ねてエンジニアとして沖縄に来た。那覇市出身の母と結婚し、僕は越来《ごえく》村生まれの日系3世だ」

―生まれ育った沖縄市には、日系人や、米軍人と沖縄の女性との間に生まれた子も多かったと聞くが、近所付き合いや友達との関係は。

「島袋《しまぶくろ》小学校近くの民間地域に住んでいた。小さいころ印象に残っていることがある。近所の友達と遊んでいるとき、反米感情を持つ子がいて、米国人の悪口を言う。逆に、米国人の友達と遊んでいるとき、日本人、ウチナーンチュを軽蔑した悪口を言う。間に挟まれた僕はどちらにも『違うよ』と怒っていた」

―人生で最初に感じた社会の矛盾だったのか。

「当時からあった差別やいじめに対する怒り。狭い沖縄の中で、人種や見かけの違いでいがみ合うのはおかしい。地球から見ると沖縄は狭い。宇宙から見ると地球も小さい。そんなことをいつも思っていた」

―小学校から高校まで通った基地内の学校生活は。

「父が軍属で米国籍だから、僕は基地内のアメリカンスクールに通った。米国の教育を受けて、家に帰ると日本の漫画や新聞などを読む。学校では英語を話す友達と遊んで、家に帰れば近所の友達とウチナーグチで遊んだ。二つの文化に同時に触れられたことが、今の僕をつくった」

―自身のアイデンティティーについてどう思う。

「顔はウチナーンチュそのものだが、本土復帰までは米国籍だった。米国の教育で自由や個性の大切さを教わったが、基地の外でも中でも大切にされていない。沖縄人、米国人、日本人のどちらなのかと悩み、いつの頃からか僕は自分のことを地球人、宇宙人と思うようにした。それが音楽をつくるベースになっている」

―音楽との出会いは。

「両親が三線《さんしん》と琉球琴を習っていた。記憶はないが、3歳の時には琴を弾いていたらしい。ピアノを始めたのは7、8歳のころ。僕はいわゆる内弁慶で、家の外では内気。『イジグァー（度胸）』のある子にさせたいと考えた母が、ピアノ教室に通わせてくれた」

―ピアノが人生を変えた。

「『エリーゼのために』を弾いたら、いい曲だなと思って、どんどんのめり込んだ。それを喜んだのか、母は偉大な音楽家の伝記本を買ってきた。子どもの頃の僕にとってのヒーローは、バッハ、ベートーベン、モーツァルトだった」

「クラシックしか音楽じゃないと思っていたころもあった。音楽に対する狭い考え。妹たちが熱狂していたビートルズも雑音にしか聴こえなかった」

―大学は米国のカリフォルニア大学ロサンゼルス校（ＵＣＬＡ）に通った。

「音楽以外にも、星座を全部暗記するほど天文学が好きだった。将来は天文学者か音楽家になると決め、大学で数学を専攻、副専攻で音楽理論を学んでいた」

―大学生活について。

「当時はベトナム戦争で、大学内が揺れ動いていた。精神的な葛藤の中でドラッグに走る人も多かった。戦争が激化する中、僕と同じように留学している人にさえも徴兵制度が適用され、恐ろしくなった。米国の市民権を得るために入隊する学生もいた。学生同士がくじ引きで入隊を決めるということもあった。明日はわが身かと、怖かった」

―そんな時代を背景に、ロックに目覚めていった。

「高校卒業時くらいまでのロックは、単なるスリーコードで『アイラブユー』を繰り返すようなものと捉えていた。でも、ベトナム戦争の影響なども受け、ドラッグ・カルチャー、フラワー・チルドレンの出現、サイケデリック・ミュージックが生まれ、ロックに政治的な思想やメッセージが込められるようになった」

「衝撃を受けたのは英国のロックバンド、ディープ・パープル。ロックとクラシックを融合させた音楽、演奏を聴いたとき、音楽に対する意識が大きく変わった」

―ロックの魅力は何か。

「クラシックはルールでがんじがらめにされている。ロックには自由な発想がある。好き勝手にやっても誰にもとがめられない」

―米国で2年暮らし、沖縄の基地内大学に編入した。沖縄に帰ることになった当時の心境は。

「米国にいると、徴兵されるのではないかという恐怖があった。一方で、休暇で沖縄に戻ると、基地があり戦争の不条理がじかに伝わった。ベトナムからの死体を運んでいるトラックが走り、基地内に新しい死体安置所ができたとか」

「この状況をすごく悩み、愛や平和という理想を自分の音楽で世の中に伝えたいと思うようになった。ディープ・パープルのように、自分がやってきたクラシックや琉球音楽などを融合した新しいものができないかと。音楽を追究したい思いが心と体を動かした」

―沖縄に戻ってからの音楽活動。ライブハウスで、戦場に向かう米兵の聴衆を前に何を思っていたのか。

「高校生の時、僕と同じ日系人の先輩がいた。僕より1、2歳年上の土池敏夫さん。いつも学校の食堂で同じテーブルに座り、昼食を食べた。優しく、ひょうきんな人。卒業後すぐに米軍に入隊し、亡くなったという話は、知人から聞いた。ベトナムに行ったことも知らなかった。戦死と聞いても信じられなかった」

「ニューウェーブコンサート・イン・日光」で演奏するジョージ紫さん＝1977年7月21日、栃木県（提供）

「そんなこともあり、戦場に行く米兵と話をすること自体、気が重くて避けていた。なぜ、戦争をするのか。なぜ、人間同士で殺し合うのか。そんなことを思いながら演奏していた」

―本土復帰前の1970年に「紫」は結成された。

「やりたい音楽ができるという喜びで、気持ちが高ぶった。本土復帰を前に、東京で活動したいという思いもあった。バンド名に『紫』と付けた理由は五つくらいある。憧れているディープ・パープルもそうだが、自分が好きな色も紫、琉球王朝でも高貴な色は紫。そして、当時は横文字のバンド名が主流だったが、本土復帰を見据え日本語で付けようと思い、漢字の形がかっこいい紫にした。メンバーの全会一致だった」

―同じ年にあったコザ騒動*のことは覚えているか。

「はっきり覚えている。当時、僕は胡屋《ごや》十字路近くの地下駐車場に車を止めていた。その車は父のもので、黄色のナンバー**。飲食店にいたが、表が急に騒がしくなったので外に出ると、外国人車両が焼き打ちにあっていた。大変だと、すぐに運転して自宅に戻った」

「朝になって現場に行くと、催涙ガスの臭いが充満していた。逃げるのが遅ければ、死んでいたかもしれない。米軍統治下で、米兵が事件事故を起こしても被害者が泣き寝入りしていた時代。もし、被害者が自分の家族だったらと考えると怒りが爆発する。ただ、ほかの方法もあったと思う」

＊コザ騒動（暴動）　1970年12月20日午前0時15分ごろ、コザ市（現沖縄市）の路上で、米軍人が起こした人身事故の一方的な処理と、威嚇発砲に怒った沖縄の群衆が、米軍車両を次々と焼き打ちした事件。当時、米軍人の事件・事故が多発し、軍事裁判で「無罪」判決が続いたことが遠因だった。

＊＊黄色のナンバー　米軍関係車両のこと。黄色地に黒文字のナンバープレートをしていたことからこう呼ばれた。コザ騒動では、その黄色いナンバーの車両だけが70台以上もひっくり返され炎上した。

―米軍基地の存在についてどう思うか。

「基地が全部悪いということだけでは片付けられない。罪を犯す一部の米兵によって、事件のたびにコザの街から人の姿が消える。事件を悲しむ米軍関係の家族もいる。そんな彼らを責めることもできない。基地の側の生活している人たちの苦しみもある」

―紫は75年に本土デビューした。米兵相手に演奏していた頃との違いは。

「沖縄での活動と同じ姿勢で演奏した。違いはまったくなかった。本土復帰で、東京の音楽関係者が沖縄にも来るようになり、紫の情報が流れていた。沖縄のロックバンドとして初めて本土で演奏したのは、大阪で行われたイベント『8・8ロックデイ』。僕らの演奏を見ようとステージ前まで客が集まり、本土のミュージシャンから『紫はロックしている』と言われた。本土のバンドとは違う何かを感じてくれたはずだ」

―ファーストアルバム「MURASAKI」、セカンドアルバム「IMPACT」はともに、ロックバンドとしては当時異例の約4万枚の売り上げを記録した。

「音楽誌の人気投票で国内部門グループ第1位の評価を得た。『ロックしている』のは本土のバンドではなく、紫だという自負があった。本土に劣ると思ったことは一度もない」

―本土で活動する中、沖縄への偏見を感じたことは。

「感じなかった。逆に、紫は『外タレ』という位置付け。沖縄は日本になったのに、音楽雑誌などでは『紫が来日』と大きな見出しだった。本土デビューから3年後に解散したので、そんなことを感じる時間もなかったのかもしれない」

―解散後の83年、今年33回目を迎えるピースフル・ラブ・ロック・フェスティバル*の第1回が「紫」の復活ライブから始まった。

「ベトナム戦争が終わり、80年代はディスコブーム。ライブハウスの観客も減った。停滞気味の沖縄のロックシーンに活を入れる思い。そして平和に対する思い。ピースフル・ラブという名も僕が付けた。平和だからこそ、ここで演奏できて、見に来ている人も聴くことができる」

―戦後70年の節目。今、一番大事だと思うことは。

「家族を大事にすること。その気持ちが、地域に広がって、国、世界へとつながる。世界平和は家庭の平和から始まると、いつも思っている。僕は2人の息子をシングルファーザーで育てた。毎日、朝ごはんを作って、弁当を持たせ、今は同じミュージシャンとして一緒に演奏することもある。家族がいるから頑張れる」

＊ピースフル・ラブ・ロック・フェスティバル　オキナワンロックの発展や音楽による地域活性化をテーマに掲げた、県内最大級の音楽イベント。第1回は1983年で、以後、毎年開催。県内外のバンドや海外アーティストなどが出演するほか、県内インディーズ系バンドの登竜門として、また沖縄の夏の風物詩として定着していった。2017年からは「まちフェス」として再スタート。

オキナワンロックコンサートでは、作詞・作曲の「MY LOVE」などの演奏に思いを込めた＝2015年4月12日、那覇市のタイムスホール

—自然破壊に警鐘を鳴らす曲「マザー・ネイチャーズ・ブライト」には、琉球民謡「なんた浜」のメロディーを取り入れている。

「子や孫に何を残せるか。沖縄の美しい海を守ろうという思いを込めた。本土復帰前後から、ホテルやゴルフ場がどんどん造られ、海が赤土で染まった。自然破壊の現状を見てきた。子どものころ父と釣りをしたり、貝を採ったりして見てきた海が汚れ、沖縄が壊されている。人間の営み、エゴで壊されるのは嫌だ」

—米軍普天間飛行場の返還に伴い、国は名護市の大浦湾《おおうらわん》を埋め立て新たな基地を造ろうとしている。

「辺野古の海も何もしないほうがいい。泡瀬《あわせ》や那覇空港第2滑走路の埋め立てもそうだ。自然を残したい。普天間飛行場の返還はすでに決まっているのに、なぜまだあるのか。僕は18年前から名護市に住んでいる。いろんな気持ちがあるし、複雑な気持ちだ。僕が生きている間に解決するのだろうか、とも思う」

（聞き手＝社会部・吉川毅）

戦体験継ぐ 一人芝居

北島角子さん（84）

役者

きたじま・すみこ　1931年5月20日、母の故郷の石垣市で誕生。39年夏、家族ともにパラオに渡り、戦争末期は野戦病院の見習い看護師に従事した。沖縄に引き揚げ名護高校を卒業した後、父・上間昌成さんの劇団に入り俳優生活をスタート。81年に一人芝居「島口説」で芸術祭賞優秀賞受賞。2012年には県功労者表彰。3人きょうだいの長女で弟は上間清・琉球大名誉教授。

2015年6月28日掲載

役者、北島角子さん（84）の一人芝居「赤いブクブクー」。沖縄戦の慶良間《けらま》諸島での「集団自決（強制集団死）」を題材に、米軍を前にした家族が父の手で次々「自決」していくさまを、生き残った北島さん演じるツルが娘に語っていく。

「何でこんなことが起こったと思う？　『敵に捕まるのは日本国民の恥』と言われ続けて、そしたら何が残る？　死ぬしかないじゃない」。涙で顔をくしゃくしゃにした北島さんが絞り出すように訴えると、会場におえつが広がる。

戦前は「軍国少女」だった。南洋のパラオで育った子ども時代は毎朝神社で兵士たちの武運長久を祈り、近くの部隊には進んで慰問に出掛けた。当時日本の委任統治領だった南洋にも米軍が進出しつつあった１９４４年、母と弟の３人で沖縄向けの疎開船に乗るが、米潜水艦の攻撃を受けて沈没。幸い家族全員助かってパラオに戻ると、軍の看護婦見習いになる。

「お国のために尽くすのが当たり前という教育だったから。ただ終戦の日には『あぁこれで明るいところに出られる』と思った」。サンゴ礁の上で防空壕が掘れない南洋では、兵士も住民もジャングルの中に隠れていた。

「お国のため」の呪縛が解けると、戦争のばかばかしさがよく分かった。「指輪まで供出させて戦道具を作ろうとした。日本は何を考えていたのかね」。戦後、沖縄に戻り、南洋育ちのせいで話せなかったしまくとぅばを習うようになる。するとまだ生々しかった沖縄戦の体験をぽつぽつ話してくれる人もでてきたが、公の場で話す人はまだ少なかった。それなら戦前も戦争も知っている自分が役者として語ろう、と考えるようになる。

「赤いブクブクー」は約45分間ツルが話し続ける。「せりふは覚えてるんじゃないの。芝居の前は、ツルの体験が自分の体験になるまでツルになりきる。だから心の中から自然に言葉が出てくる」。公演前の数時間は外の人とは一切会わず、「ツル」の経験を頭の中で追体験する。

27日の本部《もとぶ》町内の公演が１２２９回目。もう芝居で流れる涙も鼻水も北島さんでなくツルのものだ。そして最後にツルは語り掛ける。戦争体験は子どもたちに言っておかねばいけないのだね、つらいけど、と。

沖縄戦後70年となり、新聞でいろいろな体験者が語り出すのを見ると、北島さんは「ようやくここまで来たか」と思う。「今は新聞もテレビも誰もが見られるから、私たちがしっかりしていれば戦争は防げる。戦前は、新聞を読める人なんて少なかったんだから」。そのせいかニュースもスポーツ番組も大好きだ。

「自分ができることはなまからやていぃん（今からでも）一生懸命やっていきたい」。そしてもっと多くの戦争体験者たちが、子や孫にその体験を伝えておいてほしいと願いをかける。


（中部報道部・前田高敬）

―本部の出身ですよね。

「本部は父（上間昌成《うえましょうせい》さん・故人）の故郷で、実は生まれたのは母の生まれた八重山《やえやま》。当時、大和芝居が八重山に来たけどヤマトグチ*で芝居するから分からなくてお客が入らなかった。見かねた父が歌をつけて歌劇にしたら、お客が入りだしたって。で、その団長さんから劇団を譲られて、それから父は役者になった」

―どんな家族だった？

「父は当時、県内各地の様子を写真に収めて歩いていたが、学者肌でおかしいこと、間違ったことを見たら黙っていてはいけない、という教育だった。当時の世間は女は口答えすると嫁に行けないみたいな風潮だったでしょ。でも父のおかげで思ったことははっきり言うことができた」

「母は本当に美しかった。また怒ったためしがなかった。八重山で1人暮らししていた父のもとに通っていた地元の女性がいたって。それを知った母は反物を1反持ってこの人の所に行って『私は遠くで洗濯も掃除もしてあげられないから、あの人（父）のことをよろしくね』ってお願いしたそうだ。戦後になってからも『あの女の人は戦争大丈夫だったかねぇ』とずーっと気にしていた。それくらい、優しい人だったよ」

「私はウーマクー**だったので何万回もお説教された。子どもは『分かってるよ』とかいって説教は聞かないでしょ？　でも母は『やしがよ（だけどね）』と言いつつゆしぐとぅ（教訓話）で穏やかに諭してくれた。穏やかに話す人には今で言う〝逆ギレ〟できないんだよね。30歳余ってそのゆしぐとぅの意味をようやく知って、私は性格を変えた。3秒くらい言葉をためて話すようにしたら人を怒鳴ったりしなくなった」

―小学3年生のころにパラオに渡った。

「生まれたのは昭和6年（1931年）で満州事変が始まった年だから、戦争とともに育ったようなものだ。物心ついた時には政府や軍のことなどもう大きな声では話せなくなっていた。あまりにも『勝った、勝った』ばかりだったので、当時日本は世界で一番大きな国だと思っていた。戦後、日本を地図で見た時に『あい？たったこれだけな？』と思ったくらい。指輪とかまで供出させて戦の道具作って、そうして生活を圧迫して戦争するって当時の日本は何を考えていたのかと思うさ」

「パラオに渡り、6年生の時に地域の子どもたちをまとめる班長になってね。毎朝早起きしてはブルマー姿で南洋神社に走って行って武運長久を祈っていた。そしたら途中に和久井部隊という軍病院があるのを知って、日本舞踊を習ってハチマキに小旗を持ったたすき掛け姿で慰問に行ったりしたんだよ。父が『米英打倒』という口説《くどぅち》をつくって三線で演奏して」

＊ヤマトグチ　共通語。
＊＊ウーマクー　わんぱく、乱暴者、きかん坊。

北島さんの手元に唯一残る家族写真。中央後ろが父・上間昌成さん、前列は右から次男の清さん、母ウィチャーさん、北島さん本人。長男の一彦さんは海軍に志願しこの後戦死したため写っていない

――立派な軍国少女だったと。

「そう。当時はみんなそんなだったよ。子どもなのに歌うのは楽しい歌なんてなくて軍歌ばっかりだったし。お国のために、が当たり前。教育がそうだったから、つらいとも何とも思わなかったよ。かえってお国のために役立っているという喜びが童《わらび》ながらにあった。6年生で飛び級して女学校に入ったけど、そのときにはもう勉強どころではなくて、軍病院で看護婦見習いみたいにして働いた」

「私が5年生くらいのときかな。16歳の兄が大阪に働きにでた。それが軍艦を造る工場。感謝状

をもらうくらい一生懸命働いて、海軍に憧れて18歳で志願して、20歳で乗っていた駆逐艦『白雲』が北海道沖で沈められ死んでしまった」

「私が毎年5月5日に佐喜真《さきま》美術館でやる一人芝居の後に『思い出の花風』を踊るのは、兄を思い出しているから。兄がどこかの島に流れ着いて生きているんじゃないか、と思って波止場で待っていた母の気持ちを考えているから。だから踊る私も、見ている人たちも、みんなで泣きながらだよ」

―北島さんの乗った疎開船も沈められたとか。

「44年ごろは南洋ではもう空襲があったけど沖縄はまだで、沖縄に引き揚げる最後の機会だといわれていた。父は男だから出られなかったが、母と弟と3人で乗った疎開船は、その夜潜水艦の魚雷を3発くらって沈没した。父が撮りためていた県内各地の写真もこのとき全部沈んでしまって。残っていれば貴重な資料になったはずだけど、それがとても残念だ。父の写真で唯一残っているのは、志願した兄を除く3人で撮った写真。家族4人で写した写真は残っていない」

「船では沈没に備えて乗員の救命ボートが指定されていたんだけど、私たち家族の乗るべきボートは攻撃で壊れてしまってね。弟と私はほかの救命ボートに乗れたが母がいない。ボートにはあと一人乗れるというので縄ばしごを降りてきたのが母だった。戦争はひどいものだけど、時々はこういう映画みたいなシーンがあるさ。そうして助かって軍艦に救助された後は、パラオへ逆戻りした」

「ある3人の子連れの母親が両手では子どもたち全員を連れられなくて一番下の赤ちゃんを船に

置いてきてしまった、と救助後に収容された倉庫の中で泣いていた。そうしたらほかの人がその赤ちゃんを連れて脱出していて、みんなの涙と拍手の中で親子が再会したの。それと救助後、私の家の近くに設けられた避難村でおなかの大きかった女性がついに出産したの。この2人の赤ちゃんのことを思い出すと今でも涙が出てきてしまう。この子たちももう70歳すぎになっているはずだが、できたらもう一度会いたいなぁ」

——いつ沖縄に戻ったのか。

「戦後。アメリカの船に乗ってね。うちにあった三線《さんしん》を持って来ていて、もうすぐ沖縄に着くのが分かったから父が弾いて船のみんなでカチャーシーしていたの。それを見た米兵が誰かと話している。話すといっても『敵』の言葉の英語なんか誰も話せないからイエス、イエスばっかりさ。その米兵がどこかに行ったと思ったらたばこの箱を手に戻ってきて、その箱を押しつけて代わりに三線を取り上げてしまった」

「米兵としては交換したつもりだったんだろうね。だけどせっかく持ち帰った三線を、沖縄を目の前にして取り上げられたから悔しくてさ。3月4日の三線の日になるといつもこのことが思い出される。最近、米兵が沖縄から持ち帰った品物を沖縄の人に戻す活動をしているアメリカの人と話したの。そのときにお願いしたさ。『今更返してくれとは言わないから、あの三線が元気でいるかだけ教えてほしい』ってアメリカの人たちに伝えてほしいってね」

─そうした体験がかつての軍国少女を変えた。

「私の根っこの部分は変わっていない。けがをした軍人さんが気の毒だから慰問する、戦争の体験を繰り返したくないから語り継ぐ。私が一人芝居を始めたのは（1972年の本土）復帰直後くらいだったから『アメリカとの戦争のことを上演して大丈夫なの？』と心配もされたよ。でも人生を長く生きて、戦前も戦争も知っているから、語り継ぐくらいはしないといけない」

「パラオでの体験を一人芝居にしようとしたことがあるわけ。だけど、沖縄戦でウチナーンチュが体験したことがあまりに悲惨だったのを知って恥ずかしくなって途中でやめてしまった。けれどこれまで沖縄戦を体験した人たちはあまり戦争のことを話したがらなかったでしょ。だから、新聞など見ていると戦後70年ということでいろんな人が体験を話し始めてくれるのがうれしいの」

─役者になったきっかけは？

「名護《なご》高校を卒業したけど就職先がなくて、父から電話交換手の仕事を勧められた。けど電話自体知らなかったからそれを交換するって何？みたいな感じだったわけさ。那覇でその交換手の関係者に会わせるから来なさいと言うので、約束の2日前に那覇に行った」

「父は劇団を持っていたからそこで手伝わせてくださいってお願いして舞台の幕を引いたりしていた。舞台の袖から見る芝居は、悲しかったり楽しかったりいろんな人の人生がそこにあった。それでもう夢中になって、芝居をやらせてくださいって。交換手の仕事は断ってもらって役者になった。だからこの2日間がなかったら北島角子はいなかったはず」

―それから一人芝居に。

「48か49歳の時かな。謝名元《じゃなもと》慶福《けいふく》先生から『お角《すみ》がやるなら一人芝居の脚本を書く』という話があっ

一人芝居で戦争の悲惨さを訴える北島角子さん
＝5月5日、宜野湾市・佐喜真美術館

て。当時本土ではあったのかもしれないが沖縄で『一人芝居』なんてないさ。でも『分からないからまずやってみよう』という気になってお受けした」

「できあがった脚本を見たら、普通は背景説明とせりふは分けて書いてあるけど謝名元先生は全部一緒に小説みたいに書いてあって、とても長い。こんなに覚えられないよ、と思ったけど、そのとき父の声がよみがえってきた。いつも言われていた『約束したからには必ずやり通しなさい』という教え。それで必死になって登場人物になりきって演じたのが『島口説』」

「東京で初演したのは復帰直後くらい。沖縄人が一人芝居をするらしい、ひとつ見てやろう、という学生らしい人たちが数人来ていたよ。演じ終えて舞台であいさつしていたら『日本に復帰したんだから沖縄も日本の一部。何で今更沖縄を強調するんだ』という彼らの声が聞こえたから頭に来てね。舞台上から『あんたたちは沖縄の何を知っているのか。知っているなら言ってごらん』と怒鳴り返した。見ていた学者さん風の人たちにもにらまれ彼らは小さくなっていた」

―何だか現在にも通じる話だ。

「70代、80代の人はみんな心配していると思ぅよ。『また昔のごとぅなとぅさ』、戦前の様子に似てきているなって」

「15年くらい前から憲法第9条をしまくとぅばに訳して朗読しているのも、あるお年寄りから『憲法は素晴らしいことが書いてあるのかもしれないが、使い慣れない言葉で書いてあるから意味が分からない』と言われたのがきっかけ。ちゃんと意味が分からないと宝の持ち腐れさーね」
「今、著名な作家さんの発言が問題になっているでしょ。こういうのを聞くとこの人たちの心はどこにあるのかと思うさ。普通、心と言われると胸に手を当てるでしょ。この人たちは心をチビ（おしり）にでも持って行ったんじゃないか。こんな人間もあるんだねと不思議に思うさ」
「いつまで舞台に立てるかは分からないけれど、２０２０年にオリンピックをやるっていうさーね。それくらいまでは頑張りたいと思っているよ」

（聞き手＝中部報道部・前田高敬）

掲載後の追加略歴
２０１７年４月９日、死去

巨人キラー　郷土愛が力

安仁屋宗八さん（70）

元プロ野球投手

あにや・そうはち　1944年8月17日、那覇市生まれ。70歳。沖縄高校時代に甲子園出場。64年に広島カープ入団。75年に阪神移籍。オールスター戦出場3回。引退後は広島投手コーチ、2軍監督を務め、98年から解説者。2013年12月、広島OB会長に就任。

2015年7月26日掲載

「沖縄愛は僕が一番。沖縄の悪口を聞いたら、けんかするほど怒ってしまう」

沖縄高校（沖縄尚学《おきなわしょうがく》高校の前身）、琉球煙草《りゅうきゅうたばこ》を経て広島カープに入団したのは18歳の時。郷里を離れ半世紀以上が過ぎた今も、心にはいつも沖縄がある。

「沖縄」をめぐって何度か同僚と衝突した。チームでは「ハチの前で沖縄の悪口は絶対言うな」とささやかれていた。

長嶋、王らを擁したV９時代の巨人を相手に白星を重ね、「巨人キラー」の異名を取った。その原動力は、テレビやラジオの中継を心待ちにしている沖縄の両親だった。

「これが僕にできる最大の親孝行だった」

安仁屋が投げると沖縄の交通量が減る、と言われるほど、県民がくぎ付けになった。テレビが十分に普及していなかった当時、家電店は人であふれた。

そもそもプロ野球など想像もしていなかった。球団から声が掛かるまで「スカウト」という言葉も知らなかった。

野球と出会った小学４年生のころ、道具は棒きれと布を縫い合わせたグローブ。中学の時、父が買ってくれた軍払い下げのグローブがうれしくて、抱いて寝た。

高校で「たまたま」入部した野球部では、コントロールの良さが監督の目に留まった。

1年の時、不調のエースに代わって登板を命じられてから、一気に勝ち抜きその大会で優勝する。快進撃は続く。1962年には夏の南九州大会で優勝し、甲子園の切符を手にした。全国との「体格差」に戸惑いながらも、優勝候補の広陵高（広島）に4－6と善戦した。

卒業後、琉球煙草入りし、補強選手として出た都市対抗がプロ入りのきっかけとなった。複数の球団から誘われたが、選んだのは広島。本土復帰前、沖縄にまで説得に来てくれたのはパスポートを持っていた広島の現役選手だった。

ハワイ出身で日系2世の彼もまた、自分と同じで「日本語が下手」だった。父や監督も親しみを持ち、喜んで送り出してくれた。

また、巨人戦での登板にこだわったのは、「名前を残す」ことを期待したコーチの判断だった。周囲に支えられて、輝かしい道のりを歩んできた。「僕は世界一の幸せ者だ」。

通算119勝124敗22セーブの成績を残した。一度も故障することなく、18年の現役生活を全うした強靱《きょうじん》な体。赤ん坊の時、空襲で生き埋めになり、死のふちから生還した。「奇跡」を感じる。

そんな体験を高校生の時に母から打ち明けられた。身に着けていた姉のお下がりの赤い着物を土砂の中から見つけだし、引き上げたという。

妻の母親も広島で被爆経験がある。「沖縄でも、広島でも大勢が犠牲になった。話を聞くと、情けなくなる」と語る。

「鉄の暴風」で焦土と化した沖縄から、「全国」への道を切り開いた一人として思う。「野球を続けることができたのも、戦争が終わって平和な時代が訪れたから。戦争は二度と繰り返してはいけない」。

（社会部・島袋晋作）

—**戦争のころは0歳の赤ん坊。どういう体験を。**

「僕は11人きょうだいの8番目。だから名前に八が入る。那覇の垣花《かきのはな》で生まれ、すぐに大分に疎開した。いつ、どこでかは聞いていないが、防空壕に爆弾が直撃し、生き埋めになったらしい。僕が着ていた姉の赤い着物を偶然見つけたおふくろが、引き上げてくれたようだ。息も止まっていたらしいが、人工呼吸でもしたのだろうか」

—**戦後親が語ってくれたのか。**

「空襲で苦しい思いをしたのか、両親も兄姉もあまり話をしなかった。だけど、高校生の時になぜかおふくろから打ち明けられた。防空壕でお前は一度死んだんだ、と。野球をやり、強い子どもに育った自分を見て、あの体験を奇跡だと感じたのかな」

—**こういう話を聞いてどうか。**

「奇跡ですよね。18年間の現役生活で、一度も故障はなかった。これも神様が見守ってくれたのかなと感じる。もらった命だなと。神様に感謝、親に感謝ですよ」

—**野球との出会いはいつか。**

「始めたのは小学校の4年生のころ。すでに野球をやっていた兄の草野球に付いていった。最初は球拾いだったが、だんだんのめりこんでいく。貧しい時代で何もなかった。クラブチームもなく、当然ユニホームなんてあるわけがない。棒切れをバットにして、おふくろがぞうきんのような布で作ってくれたグローブをはめて遊んだ」

――中学時代の思い出は？

「中学生になり、本格的に野球を始めると、おやじがユニホームと軍の払い下げのグローブを買ってくれた。あのころは三つ指なんだよね。うれしくて夜はグローブを抱いて寝たんじゃないかな。軟式のボールを挟んでね」

「ポジションはファーストなど。僕は2番手ピッチャー。中学校の時は試合に出るという意識はなく、ただ野球をするのが楽しかった。だから、高校に行って野球をやろうとも思っていなかった」

――沖縄*高校に進学する。

「部活をやれと周囲から言われ、たまたま野球部に入部した。今振り返ると、上里（正光）監督との出会いが大きかった。コントロールがいいからピッチャーをやれ、と言われ、やらせてもらった」

「1年生の時、新人戦が那覇高校のグラウンドであった。当時2年生の先輩がストライクが入らず、フォアボールを出して押し出しになった。そこで監督に『お前投げてみー』と言われて投げたらそのまま勝って、その後大会を投げ抜いて優勝した」

――一気に注目を浴びるが。

「自分はそれほど大げさには受け止めていなかった。先輩は球が速かったし、また、優勝できるとも思わなかった。でも、勝ちグセと言うのかな。投げる楽しみがそこで生まれた」

―高3の夏、県大会を制したチームは南九州大会に出場し、優勝する。どんな思い出があるか。

「あれはたまたまです。九州一のピッチャーを擁するチームが早い段階で負けてくれて、優勝できただけ。運もあったと思う」

「沖縄の離島にすら行ったことがないんだから、みんな船酔いしてね。でもうれしかったのは汽車に乗ったこと。ガタンガタン、とうるさかったが、眠たいとも思わずにずっと外を見ていた。試合のことは全く頭にない。勝てるとも思っていなかったから。先輩たちも勝っていないから」

―甲子園では広島の広陵高と対戦する。覚えていることは。

「今考えたら広島に縁があったのかなと思う。まず甲子園の入場行進の予行演習の時に、これは勝てないと思った。身長差がものすごくあった。僕らより10センチ以上大きい。まさに大人と子ども。体格で完全に負けていた。それに緊張して、行進の時にうちの学校だけ足が合わず、注意された」

―試合で印象に残っていることはあるか。

「ファンが殺到して、『沖縄ガンバレー』とすごい声援だった。広陵の応援の何倍もいたんじゃないか。みんなが沖縄を応援してくれていた。県人会だけではなく、地元の人、次の試合を控える人

＊沖縄高校（沖縄高等学校） 財団法人嘉数学園のもとに1956年11月設立認可。57年、那覇市国場に開校した私立の全日制普通高校。現・沖縄尚学高校。

平山智選手兼コーチ（中央）、父宗英さん（右）とともに入団調印式に臨む琉球煙草所属の安仁屋宗八投手（左）

たち、前の試合の人たちも残ってくれて。沖縄の野球を見たかったんですかね。僕らの前に首里《しゅり》高校が行っているし、砂*問題で騒がれたでしょう」

「大声援はかえって緊張した。みんな足がすくんでいた。あの声援の中でやるのは逆に怖かった」

―4対6で試合に敗れるが、甲子園の砂はどうしたか。

首里高校を見ていたから、持って帰れないのは分かっていた。今だから言えるが、スパイクに付けたり、靴下にちょこっとだけ詰め込んで持って帰り、グラウンドにまいた。

―高校卒業後、琉球煙草に入り、都市対抗に出場するが。

「大分鉄道管理局の補強選手として出場した大会がプロ入りのきっかけ。スカウトは4球団くらい来たらしいが、僕の耳に最初入ったのは東映（現在の日本ハム）だった。都市対抗が終わって宿に帰ったら、監督に『安仁屋来い。プロのスカウトが話をしたいそうだ』と呼ばれた。僕はスカウトって言葉も知らない。『スカウトって何ですか』と聞いたら監督が、冗談で『人買いだ』と笑っていた」

―広島入りを決めたのは？

「ナイターも招待してくれた東映だったが、スカウトがパスポートを持ってなかった。カープはフィーバー平山の愛称で親しまれた現役選手の平山(智)さんが沖縄まで来てくれた。その人は日系2世でパスポートを持っていた」

「平山さんの日本語は片言。沖縄育ちの僕もそう。お互いどもりながら話すんだけど、すごく親しみを感じた。おやじも高校の監督もこの人だったら、と信頼していた」

―プロ入り後、「巨人キラー」の異名を取るが。

「沖縄で中継される巨人戦で投げれば、親も見てくれる。これが僕にできる最大の親孝行だった」

「巨人戦に登板する機会が多かったのは、監督も務めた長谷川(良平)さんの判断。長谷川さんに、お前は『名前』を残すか、それとも『実績』を残すか、と問われたことがある。どういう意味か分からなかったが、後で巨人キラーという名前を得た。逆に『実績』を残すのなら、よその試合でもどんどん投げろという意味だった。長谷川さんの言葉通り、『名前』を残すことができた。それがあって今も、野球の仕事をさせてもらっている。これは長谷川さんが僕に残してくれた財産。巨人戦だけ投げないで、他も投げていたら今の僕はなかった」

＊砂問題　1958年夏、米軍統治下の沖縄から甲子園に初出場した首里高校が1回戦で敗退。記念に持ち帰った甲子園の土は、本土復帰前だったので植物防疫法に引っかかり、港で廃棄された。

＊＊巨人キラー　安仁屋さんの異名。巨人V9時代、巨人戦に強くそう呼ばれた。

広島カープ時代の安仁屋宗八さん

―広島での生活はどうだった。

「言葉にも苦労したが、食事は口に合わなかった。沖縄で脂っこいものを食べていたから、向こうの吸い物は水を飲んでいるような感じ。魚も野菜も生は駄目だった。おやじは漁師で、母が魚を売っていたが、魚をさばくのを間近で見ていて、かわいそうで食べられなかった」

「自分は細かったし、おやじに1年で帰るから、と言ったこともある。広島に入る時は身長175センチ、体重は56キロしかなかった。『中西2世』と騒がれた九州一の内野手、苑田（聡彦）と一緒に白石（勝巳）監督に入団のあいさつに行った時のことをはっきり覚えている。『お、ソノ（苑田）、いい体しているのぉ。おう、頼むでー。期待しているからのー』と言った後、僕の所に来た白石監督は『お前、本当に野球をやっていたのか』と言った。がりがりで細かった僕は、あまり期待されていなかったのかもしれない」

「先輩からも『お前は絶対に持たない。練習でも逃げて帰るんじゃないかと思っていた』と言われた。だからというわけではないが、広島からの給料は全て焼き肉に化けた。朝から肉を食べに行った。だから寮のご飯はあまり食べなかった。砂糖が入って甘い卵焼きなどが口に合わなかった」

―野球人生を振り返って感じることは？

「今の沖縄の選手たちはすごいよね。その背景には恵まれた環境があると思う。僕らの時代は球場がなくて、校庭で試合をした。今ではプロ野球キャンプ地には立派なグラウンドがある。高校野球が強くなった要因の一つではないか。今後いい指導者が出てくれば、甲子園でもまだまだ活躍できる」

―沖縄を離れ、半世紀以上を広島で過ごすが。

「18歳で行ったからもう52年になる。でもやっぱり古里は沖縄ですよ。沖縄愛というのは、向こうでは一番強いのではないか。僕は本土の人が沖縄の悪口を言ったら、本気でけんかするほど怒ってしまう」

―安仁屋さんを怒らせた悪口とは。

「沖縄キャンプの初期のころ、マネジャーがみんなに沖縄の水はまずいから飲むなと言うんだ。腹を壊すから、用意したミネラルウオーターを飲めと。激怒した。ミーティングの席で『俺は18年ここで生きて、この水を飲んでこんなに元気だ。何が悪いか』と」

「ある時はそばをめぐってけんかしたことも。店に入り、ソーキそばを注文した。店員が気を利かせて、大盛りにしてくれたが、麺がかさんで汁が少ないことに『こんなの食えるか』と文句を言う同僚もいた。僕が『出て行けや』と怒鳴ったらみんな黙って食べていたけどね。そんなことを言われると、つっかかっていっちゃう。だから『ハチの前で沖縄の悪口は絶対言うなよ』と言われていた」

―沖縄に帰ることはあるか。

「現役の時は、お金をためて帰って、島を買って生活するのが夢だった。でもたまたまコーチなどの仕事を与えてもらって実現していないが、最後はやっぱり沖縄に住みたい」

―戦争体験者として戦争について思うことは。

「正直、戦争について、特別に強い思いはない。苦労した記憶がないからかな。同級生は周囲からよく戦争の話を聞いているようだが、僕は18歳で本土に行っているから、聞く機会がなかった」

「広島も原爆で大勢が犠牲になったが、女房のおふくろは大変な経験をしている。2階建ての校舎にいたらしいが、爆風で校舎ごと飛ばされ、いまだに体にガラスの破片が入っている。戦争の話を聞くと、情けなくなる。今もやっているでしょう。何で人間同士で殺し合うのか。何の意味もないじゃない。誰が得するわけでもない。損はあっても得はない」

―スポーツにも影響があった。

「自分は世界一の幸せ者だと思っている。野球をこうして続けることができたのも、戦争が終わって平和な時代が訪れたから。戦争は二度と繰り返してはいけない」 （聞き手＝社会部・島袋晋作）

支配炙り出す焦点

石川真生さん（62）

写真家

いしかわ・まお　1953年４月26日、大宜味村生まれ。62歳。最新作の「大琉球写真絵巻（パート１、２）」の写真展が今月25日から30日まで、パレットくもじ６階の那覇市民ギャラリーである。入場無料。期間中は毎日、本人が会場に“出勤”する。

2015年８月10日掲載

デモ隊や機動隊で埋め尽くされた軍道1号（現国道58号）。目の前で、機動隊員の制服を着た男性が全身から煙を立ち上がらせ、上下にピクピクと痙攣《けいれん》していた。「殺されたんだ…」。そう悟るや否や、鬼の形相をした他の機動隊員が追いかけてきた。訳も分からず逃げた。恐怖やショックで涙も鼻水も止まらない。追い打ちをかけて吐き気もこみあげる道中、心に決めた。「私、この燃える島を撮る」

徹底して沖縄の人間を写し続けて42年になる写真家・石川真生さん（62）の原点は、一つの事件との遭遇だった。

復帰目前の1971年。当時、高校3年生。沖縄返還協定の批准に反対し、基地の即時無条件全面返還を求めて約10万人が拳を突き上げた「11・10ゼネスト」の現場で、過激派の火炎瓶が当たり、琉球政府機動隊員一人が死亡した光景は今も脳裏にこびりついている。

銃剣とブルドーザーで米軍が沖縄の土地を強制収用した53年に生まれた。金髪がトレードマークで、この島の人間をこよなく愛す。「醜くも美しい人の一生。醜いだけの人も、美しいだけの人もいない」。島の人間模様を通して一枚一枚に炙《あぶ》り出される日本政府や米軍に批判的な視線は、沖縄人として刻み込まれてきたものだ。

しかし組織を憎めど、個人は憎まない主義。写真家駆け出しの20代、自らも黒人米兵との恋愛を謳歌《おうか》しながら、息を吸うように黒人米兵と女たちの日常生活にレンズを向けた。「客観的に撮れないからズボズボッて一緒に生活するの。距離がないから写真が生々しいのかな」

それほど私生活と一体で撮る「24時間写真家」だった。それで自衛隊員だった夫と離婚を経験しても、写真から離れることはなかった。母親の死に目よりもアメリカの取材旅行を選んだ。48歳で直腸がんを患い、腹部に人工肛門を縫い付けた後も、抜糸が終わらぬうちに撮影中の名護市辺野古《へのこ》に向かった。「ペンネームの石川真生で生きて、石川真生のまま死ぬ」。これが美学。もし死んでも本名を公表しないよう、一人娘にはしっかり伝えてある。

2013年春、安倍政権の誕生を機に、「残りの人生で没頭したい」テーマに出合った。琉球王国からこの島の歩んできた歴史の一場面、一場面を皮肉とちゃめっ気たっぷりに表現する「大琉球写真絵巻」。歴史をたどることで沖縄の今を見つめようとピントを合わせる。

「安倍政権になって、世の中が右翼化しておかしくなっている。写真家として私のやり方で抵抗してやろうと思ったわけさ」

例えば辺野古の浜にそびえる米軍フェンス前で、薩摩と琉球の侍を戦わせる場面は「今も支配が続いているぞ、という私なりの表現」。見る者に「メード・イン・ウチナー」の歴史物語を突きつける。

生涯バリバリ青春、若いころから人生は「タテ糸に写真、ヨコ糸に男」が口癖だった。でも「今は男より、写真で褒められるほうがずっと快感になったの」と笑う。写真家・石川真生。この島にこの人生あり、この人生にこの写真あり。

（社会部・篠原知恵）

—佐藤・ニクソン会談で沖縄返還が決まった1969年に高校生になり、反戦運動に関わるようになる。

「復帰が近づくと、ヤマトからいわゆる新左翼の大学生が沖縄にバーッと入ってきて、各高校の生徒をオルグして歩いてた。その中の一人にカッコイーお兄ちゃんがいて、高校3年の私もくっついていった。チョイと危険な香りに触れたい冒険心があった。純粋に沖縄人として、米軍の理不尽さや復帰の在り方に怒りがあったから惹《ひ》かれた面もあると思う」

「家出して、そのカッコイーお兄ちゃんと同棲も始めた。カネがないから食器洗剤で洗髪して、紺の制服にフケが付くのさえも、大人な感じで自慢だったよ」

—71年の「11*・10ゼネスト」で、写真家になることを決意する。

「デモに覆面とヘルメットで加わり、全軍労《ぜんぐんろう》**（当時）の中でも血気盛んな牧港青年部の後ろにくっついて歩いた。軍道1号はデモ隊で埋め尽くされていた。ふと気付くと目の前に複数の機動隊が固まっている。その手前で一人の機動隊員が地面に倒れ込み、煙を出してぴくぴく上下に揺れているのが見えた。ほかの機動隊員が我に返って、鬼の形相でクモの子を散らすようにこちらへ追いかけてきた。まだ高校生だし、怖いじゃない。一目散に逃げた。捕まれば逮捕されると思った」

「必死で逃げながら、私はこういう運動に向いていない、写真で表現するんだって決めた。実は高校1年で友人に誘われて写真部に入部したけれど、写真が好きだったわけでもないし下手くそ。

授業をサボる場に部室を使うくらい。なのに決めた。不思議な縁よね」

――復帰直前の72年春、琉球政府立高校の最後の卒業生になる、はずだった。

「卒業式直前に父親や親戚が突然、大挙して私らの愛の巣に踏み込んできたの。寝込みを襲われた私は家に連行された。父親は何よりヤマトの男に一人娘をとられたのが一番嫌だったみたい。沖縄戦を経験したおやじは戦時中、今にも日本兵が泣きわめく幼い弟を殺しそうだったので、(弟の)頬を焼いて黙らせたことがあった。だから日本兵が大嫌いだったの」

＊11・10ゼネスト　日米両政府で進められた沖縄返還協定(1971年6月17日調印。沖縄の返還を取り決めた)に反対し、71年11月10日、即時無条件全面返還を要求して行われたゼネスト(大規模なストライキ)。戦後26年苦しめられてきた基地からの解放に前進がないとして、返還協定のやり直しを求めて行われた。計10万2000人が決起し、小中高校や大学が休校、バス、タクシーが運休、市町村の窓口業務も麻痺した。那覇市内の与儀公園に6万人が集結し県民大会を開き、デモ行進。途中、一部過激派が20数人の警察官に火炎瓶を投げ、与那原署の山川松三巡査部長が火だるまになって倒れ、死亡する事件が起きた。沖縄の大衆運動で死者が出たのはこれが初めて。

＊＊全軍労　1963年7月に組織された基地関係労働組合。68年4月24日に10割年休闘争(事実上の24時間全面ストライキ)、70年代には大量解雇撤回闘争を行い、最盛期には組合員は2万人を超えた。

「そのまま家に軟禁された。冗談じゃない。偶然トイレにあった1セントカミソリを隠し持って部屋に戻り、窓の網を切り裂いて抜け出し、同棲中だった彼氏と東京へ。卒業式にも出ず、『蛍の光』を聞きながら集団就職の人たちと船に乗った。もう沖縄には戻れないと思って涙が出た」

「家出して1年後に母親が私を捜し出して、ようやく両親と仲直り。成人式の着物代を出してくれるというから、代わりに（写真家の）東松照明《とうまつしょうめい》さんらの写真学校の入学金を出してもらった。だから復帰の日は東京。世替わりする故郷にいられなかった悔しさは今も覚えてる」

――74年に、写真家「石川真生」が誕生する。

「写真学校の夏休み、共同通信のカメラマンに出会ったの。名護《なご》のパイナップル工場で働く韓国人工員が韓国政府に賃金をピンハネされているという噂があるから、潜入取材しないかと〝スパイ大作戦〟を持ちかけられた。すげーかっこいいでしょ。何も考えず引き受けた」

「結局は新聞に発表できずじまいだったけど、写真雑誌『世界画報』に載ることになった。そこで共同通信の彼が、韓国政府に狙われたら困るのでお互いペンネームで出そうと言い出した。今考えればうそだと思うけどね。信用した私は、読んでいた漫画の登場人物『真生』を名乗ることにした。男か女か分からないからかっこいいじゃんって。私的に沖縄本島の真ん中は旧石川市《いしかわ》。どうせだったら名字も変えようと、ペンネーム『石川真生』が誕生したの」

――そのまま東京に戻らず沖縄に残った。ベトナム戦争終結の75年、22歳の時、コザの「外人バ

ー」で働く。

「米軍支配下の沖縄で子ども時代を過ごした私は、自然な流れで米軍基地を撮りたいと思った。人間に興味があるから、基地そのものではなく米兵を撮ろう。どうしたらいいか、バーで働こうってひらめいたの。おやじの妹がイタリー系の白人米兵と結婚していて、とても優しかった。米軍に悪い印象はあったけど、米兵を怖いとは思わなかった」

「最初の職場は、＊コザ十字路の黒人街。あのころの私はぴちぴちギャルの美人で超モテたよ。だんだんコザが寂れてきてからは＊＊金武《きん》に移った。金武でも選んだのは黒人米兵のいるバー。昼はホステス仲間の部屋に遊びに行き、夜は飲み屋街の下に広がる住宅街で当時の黒人の彼氏と同棲し、黒人やまわりの女たちの日常生活を全て撮った。構えて撮るわけじゃなくて、常にカメラがそばにある。自分自身も金武の女の一人として、生活を楽しんでた」

―当時、付き合ったのは黒人の米兵ばかり。

＊コザ十字路の黒人街　米軍嘉手納基地を抱える旧コザ市（沖縄市）の銀天街裏の照屋地域に、黒人街があった。センター通り（現・パークアベニュー）は、白人街だった。

＊＊金武　61年3月、金武村にアメリカ海兵隊の駐屯地としてキャンプ・ハンセンが建設され、ハンセン基地ゲート前に特飲街が形成された。

「どうしてこんなに黒人と気が合うのか、あとから分かったけれど、白人対黒人と、ヤマト対沖縄の図式って似てるのよね。黒人も、白人に虐げられた悲しみがある。沖縄人もそう。だからシンパシーを感じたのね。怒りや悲しみに似ているものがあるんだなって」

—自動車通行が右側から左側に変わった78年、24歳で自衛隊員と結婚する。

「だいたい撮り終えたと思って那覇に戻った。2年余りぶりだったから、沖縄やヤマトの男と付き合えるか心身共に不安だったけど、余計な心配だったね。好みの顔をしたマジメな自衛隊の彼と仲良くなり、写真で米国留学するより彼を選んで結婚を決めたの」

「24歳で結婚して子どもができた。低体重児で1500グラムしかなくて、この腕に抱くことなく長女は死んでしまった。すごくショックで、排卵促進剤を飲んで半年後、今の娘を授かった」

—当時、沖縄では自衛隊への反発も根強かった。

「私も反戦運動中、何かの訓練で来た自衛隊宿舎のホテルに石を投げたこともある。自衛隊＝日本軍という意識があって、復帰と共に自衛隊が入ってきたときも強く反発した。具体的に自衛隊が何なのか、深くは知らなかったけれど。私が軍隊に批判的なのは一貫して変わらない。米軍や自衛隊は嫌だと思うのに米兵と同棲したり、自衛隊の彼と結婚したりもまた自然なの。不思議よね」

—29歳で金武での日々をまとめた初写真集を出版、写真の怖さを思い知る。

「すったもんだあり、この写真集は30年間、自主的に封印した。ネガも無い。出版で大切な友達も失い、旦那と離婚した。当時の黒人の彼と私のベッドシーンもあるこの写真集が、テレビでおもしろおかしく全国放送されて、旦那の人生を狂わせてしまった」
「でもね、私はこの時代を撮って発表したことを後悔していない。あの頃の黒人街は、白人街の記録より圧倒的に少ない。この歴史自体も隠そうとしているように見える。でも沖縄の一つの場面、一つの人生。隠せば、そこに生きた黒人、女、街がなかったことになる。それに加担したくない。ずっと悶々《もんもん》としていた」

—2013年、30年ぶりに当時の写真を発表した。

「写真集の自主規制からちょうど30年たち、12年に娘が家を片付けていたときだった。押し入れから、金武の写真が何百枚も入った段ボールが出てきたの。写真集を出すときにボツにした写真だった。あれほど私と米兵との恋愛に批判的だったおやじが、なんとこっそり保管してくれていたの」

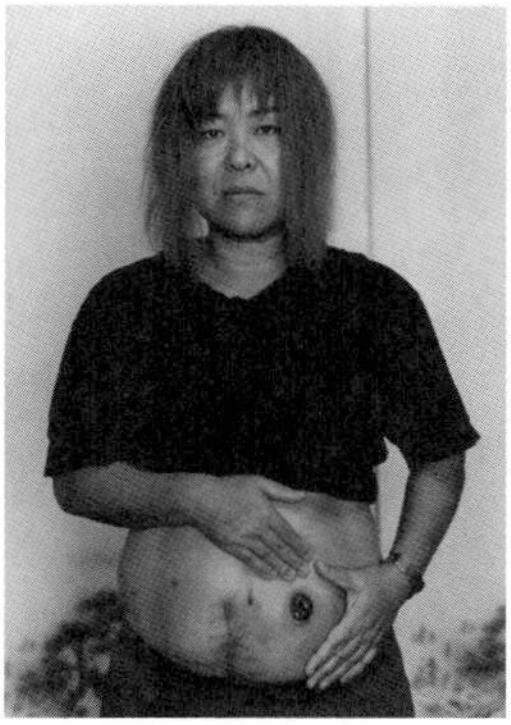

直腸がんの摘出手術を受けた直後のセルフポートレイト。不便な生活だが命が長らえただけましだと思っている。(2001年)＝撮影・石川真生、写真説明も

「30年悩んだからもういいよ、って亡くなったおやじが言っている気がして。それでもし関係者が出てきたら話し合うつもりで、横浜で展示会に踏み切ったの」

—01年に直腸がんを患って人工肛門の生活になり、人生の転機を迎える。

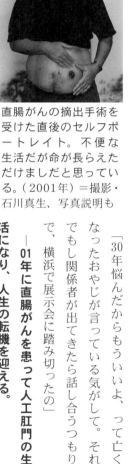

「大琉球写真絵巻」の１枚。２トンから 45 トンの大きなコンクリートブロックを海中に沈めてサンゴを破壊しまくっている安倍首相よ、サンゴの代わりにブロックでつぶされてみるがいい。沖縄人と海の生き物の苦しみを味わうがいい（2015 年）＝撮影・石川真生、写真説明も

「当時、医者に5年後の生存率が五分五分と言われた。死が身近になり、遺書も書いたよ。そのころ私は名護市辺野古の取材に夢中で、長生きしたかったから人工肛門を付けた。痔の人用のドーナツ型クッションを愛用してね、お尻の穴の抜糸が終わらないうちから辺野古に通った。私は当然、写真家だから自分の体の変化を写真で写した」

―辺野古沖の海上へリポート基地建設案が浮上した1996年から、辺野古区を取材していた。

『命を守る会』*の結成大会で私しか取材者がいないくらい、世間の関心が薄いころだった。私は賛成派であれ、反対派であれ、彼らがなぜ意見が分かれるか、なぜあの村に基地ができるのか、興味があった。私の興味の対象は久志《くし》地域、二見《ふたみ》以北の地元の人。沖縄人の私からすれば賛成、反対、どの意見だろうが、地元の人の生

き方に興味があった」

「今はもう、誰でも彼でも辺野古の問題を撮りに来ているさ。私は自分の写真家人生42年の経験を結集して、私の角度で撮る。メードインウチナーの写真が負けるわけないって、自信がある」

――13年、安倍政権の発足を機に『大琉球写真絵巻』の撮影に着手する。

「安倍政権になり、怖さを感じて大変なことになると思った。対抗勢力の野党もいない。自民党内も安倍晋三首相に反逆しない。辺野古の新基地建設もどんどん進められようとしている。沖縄がヤバいと思ったとき、パッとひらめいたの。薩摩藩が来た時代から歴史をたどって沖縄の今を見てみよう。歴史的な事実に基づきながら、沖縄人の私なりの思いをウンと入れた創作写真を撮ろうって。私の独断と偏見に満ちた写真を『観《み》れ観れ！攻撃』して、写真家として政権に抵抗しようと思った」

「この絵巻はまだまだ終わらない。だけど私は直腸がんも経験したし、体力的にも、生命的にも、あとどれくらい持つかわからない。だから『急ぎ働き』する。これが集大成だと思っているわけじゃ

＊命を守る会　１９９７年１月に、米軍普天間飛行場の名護市辺野古移設に反対する久辺３区（名護市辺野古、久志、豊原）の住民たちが結成。辺野古の浜での監視活動や反対の要請行動などに取り組んだ。２０１４年３月に解散。

ない。ただ今は残りの人生で没頭したい。いつ死んでもいいように集中したいの」

―これまでにない石川真生の世界をみせている。

「それは見る人が勝手に決めることで、私のスタンスは何も変わらない。一貫して沖縄人と沖縄に関係する人しか撮らない」

―そのエネルギーはどこから出てくるのか。

「次に何を撮るか、心配したことは一度もないのよ。歯磨きのチューブみたいに撮りたいものが出てくるのが42年続いている。この島は自分の島だから撮りたいというのが第一。第二にこの島はいろんな人間がいて興味が尽きない。小さな島だけど、余りに歴史的に翻弄《ほんろう》されてきた。そして未来はまだ続く。これを撮らないという手はないでしょ」

「私は24時間写真家。本名で生きていた20年間はとっくに通り過ぎたし、死んだとしても本名を言う考えはないの。石川真生で生きて、石川真生で死ぬ。葬式も、墓も、いらない。その代わりに写真を残すのよ。これで十分。写真家として、これほど幸せなことないじゃない」

（聞き手＝社会部・篠原知恵）

ハンセン病史 紡ぐ

金城雅春さん（61）

沖縄愛楽園自治会長

きんじょう・まさはる　1954年1月30日、大宜味村田嘉里生まれ。61歳。高2でハンセン病を発病、薬で症状は治まったが、電気店で働いていた20代に再発。80年、国立療養所沖縄愛楽園に入所する。98年に始まったハンセン病国家賠償訴訟では、沖縄愛楽園原告団長を務めた。2007年から同園自治会長。趣味はアマチュア無線。専用の機材で世界各地の人々との会話を楽しむ。

2015年8月23日掲載

「ハンセン病になっているみたい」。高校2年の夏休み。帰省した石垣島《いしがき》の実家で、軽い気持ちで家族に話した。母が、何も言わずに泣いていた。

異変に気づいたのは夏休み前。左足の太ももに湿疹が出た。皮膚科でハンセン病と診断されたが、ぴんとこない。薬を飲むと症状は消えた。だから、母の涙の意味が分からなかった。

後に、かつてやんばるの住民がハンセン病療養所の建設に激しく抗議した「嵐山事件《あらしやまじけん》」で、母が反対デモに参加していたことを知った。「皮肉ですよね」。一点を見詰め、言葉を紡ぐ。

25歳で国立ハンセン病療養所沖縄愛楽園《おきなわあいらくえん》に入所。20代は、同世代の仲間と病棟で酒盛りしては看護師に怒られた。「園で一番怖がられている。職員に物言いばかりするから」とおどけてみせる。だが、入所した最初の1週間は、手指や足を失った人々に衝撃を受けた。初めて病と対峙《たいじ》し、食事が喉を通らなかった。

園で先輩方と話すうち、ハンセン病の歴史が見えてきた。沖縄戦中、素手で防空壕を掘る過酷な作業に駆り出され、痛めつけられた患者たち。園内の書庫で書物を読みあさり、国の隔離政策、徹底的な差別の現状を学びだした。

感染力が弱く、通院で完治するにもかかわらず、国の強制隔離政策は90年もの間、患者を塀の中に閉じ込めた。強制隔離を定めた「らい予防法」が廃止されたのは1996年。つい19年前だ。学び、知るほどに疑問や憤りが湧いた。

予防法廃止後も退所者に経済補償はなく、園を出る人はほとんどいない。「なぜ状況が変わらないのか」。全国の回復者が、国の責任を問うハンセン病国家賠償訴訟を起こした。愛楽園原告団長として、一人一人を説得。国を訴えれば追い出される、と尻込みした人々が勇気を出した。

2001年5月11日。熊本地裁が出した国の違法性を認める判決に、初めて自分たちで「人権」を勝ち取ったことを実感した。勝訴後、一気に約80人が園を退所、園を訪れる人も増えた。子どもらが、病の歴史に真剣に耳を傾ける。「らい予防法で立ち入りを禁じた時代とは大きな違いだ」。

だが名前を、戸籍を、子どもを、命を奪われ、存在を消された人々の人権回復に終わりはない。県に働き掛け、沖縄戦で亡くなったハンセン病患者の名前を「平和の礎《いしじ》」に刻銘させた。06、07年には「ハンセン病証言集」も発刊した。

ことし5月には、米軍普天間《ふてんま》飛行場閉鎖や、新基地建設の断念に向けた「島ぐるみ会議名護」の共同代表にも就任。戦争になれば弱者にしわ寄せが来ると歴史が教えている、と語る。

6月、開館に奔走した資料館が園内にオープン。週3回の人工透析を受けながらの作業は、体力的にもギリギリで、取材中に「フラフラする」と椅子に座り込むこともあった。それでも休む間もなく動き続けるのは、強い思いがあるからだ。なぜ、ハンセン病だけが逃げ隠れしなければならないのか。回復者たちに呼び掛ける。「皆で外に出よう。堂々と歩こう」。

（北部報道部・西江千尋）

―どんな子ども時代を過ごしましたか。

「生まれは大宜味村田嘉里《おおぎみそんたかざと》です。父は大宜味大工の棟梁《とうりょう》で、家を作っていました。幼稚園のころ、裏山で大きな土砂崩れが起き、家族で石垣《いしがき》島に引っ越しました」

「石垣で、両親は農業をしていた。ヒンスームン（貧乏）だったから、よく畑の手伝いや水くみなんかをしていましたね。私は8人きょうだいの7番目。ウーマクー*だったよ。姉2人は沖縄戦時中にマラリアで亡くなった。私は中学卒業まで石垣で過ごし、当時は那覇市泊《とまり》にあった沖縄水産高校に進学しました」

―発病したのは。

「高2年の夏休み前、左足の太ももに湿疹が出ていることに気づいて。皮膚科を受診してハンセン病と診断されました。でもその時は、ハンセン病と聞いてもぴんとこない。薬を飲んだらすぐ治るだろうと思っていたからね。処方された薬を飲んで、1か月もかからず症状は無くなりました」

―家族に伝えましたか。

「そんな大した病気じゃないと思っているから、その年の夏休み、実家に帰った時に話しました。するとと母が何も言わずに泣いていました。その時は、なぜなのか分からなかった」

「夏休みが終わると高校に戻り、卒業後は鹿児島の九州学院大学（現第一工業大学）に進学し電子工学を学びました。25歳で石垣島の電気店に就職し、配線の図面を書く仕事をしました。残業や飲み会などで不規則な生活が続き、体がだるくなり熱が出た。医師からハンセン病再発を告げられました」

—愛楽園へ行くことに。

「医師の勧めで1980年、国立療養所沖縄愛楽園**に入所しました。当時は『専門病院に入って治療に専念しよう』ぐらいの気持ち。仕事を休み、3カ月で治して退所するつもりが、やがて35年になる」

「仕事していた時に熱を出して腎臓を悪くしてね。腎臓を治す薬は体力が落ちるから、ハンセン菌が活発になる。薬を徐々に減らさないといけなくて、難しい状況でした。透析もしているから(設備が整った) 園で暮らすことにしました」

—入所した当時は。

「相部屋で一緒だったおじいさんの両手の指が全て無く、両の手の平で湯飲みを挟み飲んでいた。初めてそんな光景を見たので、私もそうなるのかと、ショックだった。愛楽園に来て1週間、ご飯を食べることができませんでした」

＊ウーマクー ↓23頁

＊＊国立療養所沖縄愛楽園 1938年、ハンセン病治療施設として名護市済井出(屋我地島)に設立された国立ハンセン病療養所。現在は一般医療機関として地域に開かれた病院。

「でも私も20代だし、園では同世代の青年4～5人で毎日、釣り。タマンやシロイカなど結構釣れたよ。それを刺し身に病棟で酒盛りしてね。看護師に怒られても聞かなかった。そうして遊んでばかりでしたよ」

――沖縄のハンセン病には厳しくつらい歴史がある。

「沖縄戦当時、素手で防空壕を掘らされた際のけがが悪化し、指を切断した人もいました。ハンセン病は手足の感覚が鈍くなるので、けがに気づかない。ある入所者は壕掘り作業の結果両足を失い、生涯義足で生活していました。でも、そのおじいさんが身の上話や園での生活、指のことを話すことはなかったし、自分からも聞けなかった」

「30代のころ、石垣の家に帰った時に、母が若いころに（療養所の建設計画に住民らが反対した『嵐山事件』[*]のデモに、建設反対の立場で参加していた、と打ち明けてきた。その時初めて、高2年の夏休みに母が流した涙の理由を知った。だが私は打ち明けられても事件を知らず、母も詳細を話さなかった。当時、建設に反対した人の息子がその療養所に入るとは、皮肉なことですよね」

――ハンセン病の歴史について学びだしたのは？

「入所から1年たったころから、だんだん疑問が湧いてきた。なぜ完治しても退所せず療養所で生活しているのか。自治会の書庫で資料を読みあさり、初めて『らい予防法』という法律が、ハンセン病患者の隔離を定めていると知りました。この法律があるために、ハンセン病に対する差別や偏見が助長された。完治しても、回復者が簡単には帰れない状況があると知った。母が参加した『嵐山事件』も、いろいろ調べていく中で分かってきた」

―らい予防法が廃止されたのは１９９６年。感染力が非常に弱く、通院・在宅で完治できると分かっていたが、隔離政策は続きました。マスコミも60年代ごろまで、人々の恐怖心をあおるような報道をしました。

「マスコミも世の中の流れに乗ってやっていたんだと思う。社会的に『ハンセン病は怖い』と植え付けられた。今の70代以上の人たちは、今でもそういう印象が強いと思います」

―らい予防法廃止後、退所する人は増えましたか。

「いや、ほとんどいませんよ。10年も20年も療養所で暮らした後に一般社会に戻っても、何の補償もないし、仕事もない。法が廃止されたのに、何も変わらないのはおかしいんじゃないかと。だから、全国の入所者が立ち上がって国賠訴訟を起こしたんです」

＊嵐山事件　昭和初期に起きた、らい療養所（ハンセン病療養所）計画に端を発した県当局に対する反対運動。羽地村嵐山（現名護市）に療養所建設を計画したが、村民全体の関心を呼び、大きな反対運動を引き起こした。

ハンセン病療養所の戦没者名を「平和の礎」に刻銘するよう申告する金城雅春さん(中央)＝2004年2月17日、県平和推進課

―98年に始まった、らい予防法[*]を違憲とする国家賠償訴訟には、県内からも原告が参加しています。

「愛楽園からは最初に27人が参加し、最終的に沖縄から全国最多の538人が原告になりました。最初は『国を訴える訴訟に参加したら園を追い出される』と戸惑う人が多かった。だが、療養所でしか生活できない状況にさせられたことが問題なんです。一人一人の部屋に通い、説得した」

―2001年、熊本地裁が国の違憲性を認める判決を出しました。

「その日は愛楽園にいて判決はテレビで見ました。涙が出た。90年続いた行政の過ちが、やっと認められた。初めて自分たちで勝ち取った人権。これで先が見えてきた、と。私たちはずっと法律で押さえ込まれ、入り口はあっても出口がなかった。入所者が『これで帰れるんかな』『堂々と外を歩けるかな』と話していたのを覚えています」

―園で亡くなった人たちが眠る納骨堂に、判決を報告していますね。

「暗闇の中で、志半ばで亡くなった人たちがいる。報告しなければならないと思いました。これからわれわれも明るく生きていく、ここから世の中変わるんだと。見守っていてください、と手を合わせました」

―勝訴後、変化はありましたか。

「ハンセン病補償法ができたことで退所者が増えました。一気に80～90人が愛楽園から地域に出ました。入所の際、親戚に影響を与えるからと『園名』に変えさせられた人もいたが、勝訴を機に、本名に戻す人もいました」

「人権学習などで園を訪れる人々も増えた。らい予防法で園への立ち入りが禁止された時代から考えると大きな変化ですよ」

＊らい予防法を違憲とする国家賠償訴訟　らい予防法（1996年廃止）に基づく隔離政策によって基本的人権を侵害されたとして、1998年にハンセン病の元患者らが国に賠償を求めた「ハンセン病国家賠償訴訟」のこと。2001年5月に熊本地裁で、らい予防法の隔離規定の違憲性が認められた。

戦時に、入所者が掘らされた防空壕について高校生に説明する金城雅春さん（左）＝2010年ごろ、名護市済井出・沖縄愛楽園

―園を訪れる子どもたちには何を伝えていますか。

「きょう習ったことを絶対に忘れないで、と話しています。なぜこんな差別の歴史があったのか考え、いろいろなことに関心を持ってほしい。ある先生が『いつも授業中に騒ぐ子が、園では真剣に話を聞いていた』と言っていた。それぐらい衝撃的な過去が、実際にあったということです」

―沖縄と県外で回復者の環境に違いはある？

「差別が根強くある中でも、沖縄は回復者と家族とのつながりが強いと思います。園外の子どもや孫が『一緒に住もう』と、入所者を呼び寄せるケースも多い。国賠訴訟後の退所者数は沖縄が全国最多です」

―糸満《いとまん》市《し》摩文仁《まぶに》の「平和の礎」*に沖縄戦で亡くなった愛楽園、宮古《みやこ》南静園《なんせいえん》の患者名の刻銘を県に働き掛け、04年に実現。現在418人が刻まれています。

「生きている人は裁判で人権を獲得した。だが亡くなった人の中には、戸籍もなく、園のカルテにしか名前のない人がいます。戦争の混乱で、カルテさえ残っていない人もいる。名前を残さないと、彼らは誰にも知られないままになってしまう。園内の資料をかき集め、県と何度も協議し、愛楽園からは317人の名を刻みました」

―06、07年には「県ハンセン病証言集」を発行していますね。

「これまで表に出ていない『裏面史』を作りたかった。5年もかけて、ボランティア調査員と一緒に入所者に聞き取りをしました。始めは拒否されてね。強制断種や中絶など、壮絶な経験は皆話さなかった。しかし、今話さないと歴史が無かったことになる。何度も入所者を訪ねて話を聞き、発行にこぎつけました」

―6月、資料館「愛楽園交流会館」が開館しました。

「来館者が1カ月で千人を超えました。大学の授業の一環だったり、観光客なども足を運んでいます。感想に『ハンセン病の歴史や状況を知らなかった。もっと勉強したい』とあったのが印象に残っています」

―退所後も、病歴を明かせない方もいます。

＊平和の礎　太平洋戦争・沖縄戦終結50周年記念事業の一つとして、国籍や軍人、民間人の区別なく全ての戦没者の氏名を刻んだ記念碑。戦没者を追悼し、恒久平和の希求と悲惨な戦争の教訓を正しく継承するとともに、平和学習の拠点とするために1995年6月、糸満市摩文仁に建設された。

「差別は終わっていないと思っています。私自身は家族や地域の人から差別を受けたり、嫌なことを言われることはなかった。だが過去の差別がトラウマになり、いまだに話せない人がいます。ある方は、勝訴後に故郷に帰りたかったが、親に拒否されたと言っていました。『地域の人が忘れているのに、帰ってきたら思い出してしまう』って」

「でも、ハンセン病だけ逃げ隠れしないといけない理由なんてない。だから私は、いろいろな所に顔を出すようにしています。回復者に『これまで外に出られなかった分、どんどん出よう。堂々と歩こう』と話しています」

―5月、「島ぐるみ会議名護」*の共同代表に就いたのはどうしてですか。

「ウチナーンチュとしてやるべきだと思ったからです。沖縄戦当時、入所者は療養所に閉じ込められ、どこにも逃げ場が無かった。歴史を見ても戦争が起これば、弱い者にしわ寄せが来るのは分かっています。二度と、繰り返してはいけない。戦争とハンセン病は、人権問題と言う観点でつながっている。だからこそ、この活動に参加しなければならない。だって戦争が起こったら、人権もへったくれもないでしょう」

（聞き手＝北部報道部・西江千尋）

＊島ぐるみ会議 →79頁

苦しい時こそ歌う

大工哲弘さん（66）

民謡歌手

だいく・てつひろ　1948年10月13日、石垣市新川生まれ。66歳。八重山農林高卒業後、沖縄本島へ渡り、山里勇吉さんに師事。71年、第8回石垣市主催「とぅばらーま大会」優勝。八重山民謡の第一人者として活躍しながら、県内外や海外で公演。ジャズやロックなどジャンルの枠を超えて共演をこなす。99年、県無形文化財（八重山古典民謡）保持者に指定。琉球民謡音楽協会名誉会長。

2015年9月27日掲載

田畑にはいつも歌があった。寄せては返す波のように、祖父が口ずさむ掛け合いのユンタ（労働歌）に家族全員で返す。時が過ぎるのを忘れさせ、労苦をそっと癒やしてくれた。

〈おじいちゃんのように、プロでなくとも、生活の中で歌えたらいいな〉

幼少のころ、家業の農作業を手伝いながら感じた思いは、八重山《やえやま》民謡の第一人者にまでなった歌い手としての原点を形づくった。

芸能の島・石垣島《いしがき》で生まれた。今でこそ、子どもが三線《さんしん》を弾くと感心されるが、かつては趣が違った。「三線は遊ぶもの。伝統芸能の価値観が、今ほどあがめられていなかった」

八重山農林高時代、沖縄で初めて「郷土芸能クラブ」をつくったことで知られる。練習に励むとアシバー（遊び人）と陰口をたたかれ、父親に叱られた。「好きでやっていたけど、言われても当然だなと感じていた。だって貧しかったから」

白米を食べられるのは正月、盆、祝い事の時だけ。イモが主食だった。港に大漁船が汽笛を鳴らして入ると、一目散に飛び出し、捨てられるカツオの頭を拾い集めた。母親がシンメーナービ（大鍋）で煮て、夕飯にした。

高校時代、歴史の先生の紹介で民謡の大御所、山里勇吉さんと出会った。卒業後、単身沖縄本島へ渡り、門をたたいた。シロアリ駆除、自動車会社、材木店。職を転々としながら三線を学んだ。程なくして那覇市役所に就職。定年まで勤め上げながら、民謡歌手と公務員の「二足のわらじ」で芸の道を追い求めていく。

プロの歌手一本を選ばなかったのはなぜか。

「三線だけでは生活できないということもあったが、働きながら歌うのが健全だ、という思いがあった。それが僕の美学でした」。労働者と同じ汗を流し、寝食の中から歌が生まれる。祖父の面影を慕っていた。

1996年、アフリカ・ジンバブエ郊外。真昼の炎天下、見渡す限りのトウモロコシ畑の前に立っていた。農家向けの出張演奏会。三線を弾こうとすると、畑から歌声が聞こえてきた。

「あれ、ひょっとして、ユンタじゃない？」。幼いころ、郷里で聞いた祖父の姿と重ね合わせた。

〈アフリカの人も歌いながら農作業している。苦しい時は歌うんだな〉

曲を奏でると、畑から次々と農民が現れ、踊りだした。劇場で何千人の前でスポットライトを浴びようとも得られない感動に心が震えた。

〈僕のやってきたことは間違っていなかった〉

2014年、辺野古《へのこ》新基地建設などに反対する「沖縄『建白書』を実現し未来を拓《ひら》く島ぐるみ会議」の発起人に名を連ねた。

「オール沖縄で決めた精神を無駄にしたくない。ナースクブン（自分の職分）ってあるでしょ。微力ではあるけど、僕は歌で沖縄の声を伝えたい」

芸能人は政治への言及を避ける場合が多いが、「間違いは間違いと言える人間でありたい」。貫いてきた美学に迷いはない。

（社会部・西江昭吾）

―石垣島に生まれた。

「新川《あらかわ》の集落で、わが家は貧農家。毎日学校が終わったら田畑に駆り出され、手伝った。畑に行くと、いつも祖父が歌っていた。掛け合いで家族全体が歌う。隣の畑の人が返すこともあった。まさに映画『サウンド・オブ・ミュージック』のような風景があった。農作業はとても辛いが、歌えば、あっという間に時間が過ぎた。祖父みたいにプロの歌手ではなくて生活の中で歌を歌えたらいいな、子や孫たちと歌い、一緒に明るい家庭ができたらいいなと幼いながら思った。日が暮れて、各家庭に明かりがつくころから、どことなしに晩酌をしながら三線が流れる。それが八重山の音風景だった。生活の中に息づいていた」

「畑は主にキビ。大豆やスイカも作っていたし、田んぼも大々的にやっていた。休む暇がなかった。高校で郷土芸能クラブを初めて沖縄で作り、三線を弾いていても、良い目で見られない。三線弾くよりも田をひけ、と。今ならもてはやされるが、あの頃はそうじゃなかった。三線を弾くと『遊び者』とか『勉強しない』とレッテルを張られる。やりづらかった」

―祖父の歌を聴きながら、どう感じていた？

「歌はいろんな境遇を乗り越えられる。歌の力を実感した。自分の腰が痛いのを忘れる。八重山は毎年台風が来て、甚大な災害を受けても豊年祭をする。みんなで歌う。常に前向きな八重山の人たちが耐え忍んできた魂は、歌にしかない。きざな言いようだが、神様が与えた人物への最大の贈り物だと僕は思う」

―音楽を志す契機は。

「小学校卒業の謝恩会で、担任の先生に『てっちゃん、何かやれよ』と言われ、竹馬の友とキョンギン（狂言）をしたらうけた。終わったら先生に『一筋の道をやった方がいい。君には何かある』と言われた。直後におじいちゃんの歌を聴き、『俺も三線をやってみたい。先生が言ったことは、そこにあるかもしれない』と目覚めたのは確か。僕は今でもその先生に会ったらお礼を言っている。指導者の一言一言は重みがある。子どもの頃、僕は本当にディキランヌー（勉強が苦手）で、人前で話もできなかった。三線を弾くようになり自信をつけた。三線との出会いは僕にとってありがたい産物だった」

―どうして三線を？

「あの頃はグループサウンズの時代。みんなエレキギターでまねをした。こっちは貧乏だから、ギターを買う金もない。よし、ギターに対抗する伝統楽器をやろうと。対抗心が芽生えた。僕は三線でベンチャーズのテケテケテケをやった」

「下校後に家で練習していたら、隣の人が告げ口をする。『あんたの息子は勉強しないで三線弾いている』と。父親も『何をやっているか』と怒る。いつも親の目を盗んで弾いていた」

―今は伝統芸能に打ち込むと褒められる。

八重山農林高校時代、クラスのホームルームでミニライブを披露する大工哲弘さん＝1966年

「当時はそういう雰囲気ではなかった。三線は勉強するものじゃない、遊ぶものだという感じ。伝統芸能の価値観が今ほどあがめられていない。文化というのは空気みたいなもの。それで金をもらうものでもないし、祖父のように、疲れ直しに晩酌しながら歌う。これが芸だと。金を使うなら、もっと別の使い方があるじゃないか、と。戦後沖縄の復興を目指す中、大人たちは子どもたちに託す夢があった」

―反発する気持ちは？

「なかった。僕は好きでやっていたが、言われても当然だな、という大人たちへの理解もあった。だって貧しいし、苦しかったから。白いご飯を食べるのは正月と盆、何かお祝いがあった時。毎日イモだった。親たちがどれだけ工面して僕たちを学校に行かせているかも知っているから、おやじが怒るのも当然。夏場の夕方になると、捨てられるカツオの頭を港へ拾いに行く。船の汽笛の回数は重量を表す。おふくろはシンメーナービにお湯を沸かして、僕が持ってきたカツオの頭を入れて煮て、夕飯にする。そういう生活だった」

「転機は高校の時。いつも沖縄本島から公演で来るのは、フォーシスターズ*とか屋良《やら》ファミリーとか若い子。八重山は誰も若いのがいない。フォーシスターズは同世代。ひょっとしたら自分も可能性があるかも、という願望はあった。『民謡イコール年寄り』があの頃のイメージ。それを変えたのが、フォーシスターズだった。負けたくないという対抗心があった」

――師匠である山里勇吉さんとの出会いは？**

「高校のある時、配られた試験の問題用紙に『山里勇吉が白保《しらほ》に来る。会うか？』と書かれていた。歴史の先生が山里さんと親戚だった。『ぜひ会いたい』と書いて渡した。山里さんと出会い、かわいがってもらった。『沖縄本島に来ないか』と言われときは、うれしかったね。あの頃、八重山民謡を歌う学生はいなかった。喉から手が出るほど欲しかったんでしょう。八重山民謡は年配しか歌っていない時代。卒業後はボストンバッグ一つ持って本島に渡り、門をたたいた」

「山里さんの紹介で、普久原恒勇***さんの音楽事務所に所属した。コザにある事務所は（歌手の）コミュニティーの場だった。憧れのフォーシスターズもいるし、ホップトーンズもいる。若手から大御所まで。10畳ほどの平屋のトタン屋根だったが、沖縄の音楽の情報がすべて詰まっていた。普久原学校と呼んでいて、毎日仕事が終わったら事務所に遊びに行った」

――仕事は何を？

＊フォーシスターズ　1960年、戦後復興に尽くした芸人の小那覇舞天に見いだされ、旧石川市出身の4人姉妹（伊波家の次女貞子、三女久美子、四女みどり、五女智恵子）で結成した女性民謡グループの先駆け。結成当時は8歳～13歳で、「ちんぬくじゅうしい」「豊年音頭」「軽便鉄道節」「やっちー」などがヒットした。作曲家の普久原恒勇に師事し、「新しい沖縄のうた」を歌い続けてきた。

＊＊山里勇吉　1925～2018年、石垣市白保生まれ。石垣島をはじめ八重山諸島で歌い継がれてきた八重山民謡の歌手。1957年に八重山全島とぅばらーま大会で優勝。八重山民謡界の第一人者として国内や南米などで幅広い音楽活動を展開、大工哲弘さんら後継者を育てた。82年から那覇市社協芸能チャリティー公演（現・県社協公演）を開催するなど福祉活動にも積極的に取り組んだ。99年に県指定無形文化財「八重山古典民謡」保持者認定。同年、那覇市政功労者。2005年に県功労者、同年八重山毎日文化賞を受賞している。

＊＊＊普久原恒勇　1932年、大阪生まれの作曲家、音楽プロデューサー。61年に「月眺め」「なれし古里」の2曲を発表後、作曲活動を開始。「芭蕉布」「ゆうなの花」「島々清しゃ」など、「普久原メロディー」と称される多数の名曲を生み出す。沖縄ポップスや民謡曲、琉球の民族楽器で編成した管弦楽団が奏でる器楽曲など、400余りの作曲を手がけた（2016年時点）。

奈良県の東大寺境内の金鐘ホールで開かれたコンサートで演奏する大工哲弘さん（左端）。右端は妻の苗子さん＝2014年8月

「三線だけでは飯食えないのは分かるわけでしょ。シロアリ駆除をやったり、自動車会社や材木店で働いたり、いろんな仕事をしていた。たまたま、那覇市役所に履歴書を出したら採用された。あの頃は民間より給料が低く迷った。材木屋では月100ドル近くもらっていたが、役所は半分。先輩に『将来的には三線やるなら役所がいい』と言われ、市役所に入った」

―市役所に勤めながら歌手を続けた。

「祖父のように、働きながら歌を歌うというのが一番健全だという思いがあった。それが美しい姿。僕の美学だった。芸能人は特別扱いされるが、そうではなくて、同じ働く仲間がいて、働く視点から歌う。同じ汗を流し、そういう中から歌が生まれるのが沖縄の歌だと位置付けた」

「1970年、竹中労*さんの計らいで読売テレビの『全日本歌謡選手権』に出た。10週勝ち抜いたらプロ歌手になれる視聴率の高い番組。五木ひろしや八代亜紀もこの番組からプロになった。とんとん拍子で勝ち抜き、8週目に落とされたが、この時の審査員のコメントが今でも忘れられない。『三線は沖縄の人が楽しむもの。メジャーになれることはまずない。三線は民族楽器だし、その民族で楽しめばいい』と言われて。さんざん7週まで持ち上げといて。本当にショックだった」

「終わってから、竹中さんは『言わしておけ。沖縄の音楽は絶対出てくる。誓ってもいい』と励ましてくれてね。大阪・難波で二人で朝まで飲んだ。竹中さんが亡くなった後、ネーネーズが出て、りんけんバンドが出て、喜納昌吉《きなしょうきち》が出て。言った審査員に、今はこんなに沖縄音楽が盛んだと見せつけたい。今、若者が当たり前に沖縄の音楽がうけていると思っているなら勉強不足だ。苦労の積み重ねがあって花咲いている。僕たちの世代が辛苦をなめたことを考えると、先輩たちはもっと苦

＊竹中労　1930～91年。ルポライター。クレームがついても一歩も譲らず、〝けんかの竹中〟の異名を取った。芸能評論、ルポ、小説、映画などの製作と幅広く活躍。沖縄では島うたに関わってレコードやテープをプロデュースしたほか、74年、75年に東京日比谷野外音楽堂で開催した「琉球フェスティバル」を主導するなど、沖縄民謡の県外での認知度アップにも貢献した。

労しているはずだ。それを忘れず、精神を引き継ぐのが大事。誰もがライブをやり、音楽が楽しければいい、と思っているかもしれないが、危機感を感じる。ふんどしを引き締める時期ではないか」

――厳しい時代を乗り越えて今がある。

「そうですよ。96年にアフリカで初めて公演に行き、ジンバブエのトウモロコシ畑で出張コンサートをした。そうすると、畑から歌が聴こえてきたんですよ。僕が小さいとき、祖父の歌を聴いたその歌がトウモロコシ畑から聴こえてくる。アフリカの人も歌を歌いながら作業をしている。『ユンタは八重山だけのものじゃない。歌のルーツはそこから始まっている、みんな苦しい時には歌を歌うんだ』と実感した。三線を弾くと、畑で歌っていた人が手を休めて出てきて踊り出す。最高の場面でしたね。ある意味で、自分がやってきたことは間違ってなかったという再発見でもあるし、音楽は越境すると学んだ」

――島ぐるみ会議*の発起人に名前を連ねている。

「建白書を東京へ届けに行き、デモ行進で罵声を浴びた。復帰43年たっても、新聞社をつぶせとか、まだ差別がある。オール沖縄で建白書を決めた心を無駄にしたくない。沖縄には『ナースクブン』という言葉があるでしょ。餅屋は餅屋で役割を果たしなさい、と。微力ではあるけど、僕は歌で沖縄の声を伝えたい」

「米軍基地に関して、本土の人は沖縄が負担すればいいとみんなどこかで思っている。日本の安全に基地は必要だが、自分たちの所は嫌だ。７月、岐阜県北方町でライブをやった。打ち上げで楽しく飲んでいたら、ある男性が『沖縄は基地で潤っている』と言い始めた。『なぜ沖縄だけに置こうとするのか』と問うと、『政府が決めたんだから』と。『海兵隊の基地はもともとどこにあったか分かりますか?』と聞くと、『分からない』という。岐阜県の人でも、岐阜に海兵隊がいた史実を知らない。沖縄が毎日のように事件・事故で苦しんでいるのを悼まない。もっと沖縄は声を上げていかないといけない」

—辺野古のゲート前では「沖縄を返せ」などが毎日のように歌われている。

「歌は願望や祈り。『ションガネー』という歌は『仕方ない』と訳されることが多いが、沖縄の場合はそうじゃない。今の境遇を耐え抜いて希望を見いだす。ションガネーの響きには沖縄の魂がある気がする」

＊島ぐるみ会議　「オスプレイの配備撤回」と「普天間飛行場の閉鎖・県内移設断念」を求める「沖縄建白書を実現し未来を拓く島ぐるみ会議」は２０１４年7月27日に結成総会を開いた。共同代表は11人。その後、市町村単位の同会議が次々に結成された。15年に「辺野古での抗議活動の強化」「県と国の法廷闘争での翁長知事の支援」「国内・国際世論の喚起」を目的に結成した、「辺野古新基地を造らせないオール沖縄会議」にも包摂されている。

―歌手も役者も一般的には政治から距離を置く。

「政治的な話をすると右か左かになるが、その考え自体が違う。間違っていることは間違っていると言える人間でありたい」

（聞き手＝社会部・西江昭吾）

島うたに宿る庶民の心

上原直彦さん（76）

「放送人」

うえはら・なおひこ　1938年10月23日、那覇市山下町生まれ。76歳。フリープロデューサー、放送キャスター。石川高校卒業後、新聞社勤務を経て1959年、琉球放送に入社。ラジオ局長などを歴任し、芸能プログラムを中心に、番組や文化イベントのプロデュースを手掛ける。「さんしんの日」を提唱するなど沖縄伝統文化の継承に尽力。2006年「第５回放送人グランプリ」、07年「沖縄タイムス文化賞」などを受賞。63年からスタートし、ことしで53年目を迎えるRBC i ラジオ「民謡で今日拝なびら」のパーソナリティーを担当する。

2015年10月11日掲載

平日午後4時、おなじみの三線と太鼓の音が流れ、放送が始まる。ことし53年目を迎えたRBCiラジオの長寿民謡番組「民謡で今日拝《ちゅーうが》なびら」のメーンパーソナリティーを務める。自らを「放送屋」と呼び、沖縄民謡を届ける番組にこだわり続ける。その根底には「島うたに宿る沖縄の精神を大事にしたい」―の思いがこもっている。

標準語励行の下で教育を受け、「歌、三線は遊び人がするもの」という風潮が色濃く残る時代に生まれ育った。意外にも放送で語られる流ちょうなウチナーグチと幅広い民謡の知識は、ラジオの世界に入ってから半世紀以上かけて身に付けた努力のたまものだ。

新聞記者から転職し、琉球放送のラジオ制作現場に配属された21歳のころ。上司から芸能担当を任された。「ウチナーグチが分からず、『かじゃでぃ風《ふう》』も紹介できない」。番組に出演する民謡唄者はみな明治、大正生まれで「ヤマトグチはほとんど通じなかった」。

「島うたはウチナーグチのバイブル」と、歌詞をノートに書き留めては書物で調べる日々。それでも分からない言葉は「大先輩」の唄者《うたしゃ》をつかまえて意味を教えてもらい、会話の中で出てきた言葉を覚えてはまねた。丁寧語の表現方法が分からず番組で間違えて使った時には「『生意気なやつだ辞めさせろ』とお叱りの電話も受けた」。誤った表現はその場で謝り、それでも萎縮することなく使い続けた。

地域ごとに異なる言葉を学ぶため宮古《みやこ》や八重山《やえやま》、奄美大島《あまみおおしま》にも足を運んだ。歌を通して、歴史や風習の違いも実感した。

ウチナーグチの修練を積み重ね、民謡の知識が蓄えられていく中で民謡の根幹でもある「八・八・八・六」の琉歌《りゅうか》の奥深さに心を引かれていく。ウチナーグチならではの細やかな心情表現と柔らかな語感。共通語では表し難い言葉の魅力が琉歌にあった。

「歌は庶民の生活史。沖縄の歴史や民俗史、風俗史がこの中に詰まっている」。自作の歌詞を唄者に提供し、「丘の一本松」や「やっちー」など、数々のヒット曲を世に送った。かつては遊び人とみられた民謡唄者の地位を「ラジオが少しずつ切り開いてきた」と振り返る。

1993年3月4日には「さんしんの日」を提唱。正午の時報に合わせて、県内の三線愛好家が一斉に演奏する「かぎやで風」をラジオで放送する。慰霊の日や終戦記念日の正午に一斉に鎮魂の祈りをささげるのをヒントに長年、温めていた構想で、沖縄芸能への思いを「皆で共有したい」との思いが込められている。

多くの命が失われた沖縄戦体験者として、「命《ぬち》どぅ宝《たから》」を強く願っている。親殺し、子殺しなど、殺伐としたニュースに連日、接する状況に「助け合いの精神が薄れている」と感じる。

安保関連法が成立し、戦争の足音が聞こえる今、「人は助け合わないと生きていけない。自分の命と同様に相手の命も大切にしてほしい」。

時の流れとともに、「ヤマト化」が進み沖縄の精神文化が薄れてきていると感じる。沖縄芸能の発信を通して、その精神が受け継がれることを願っている。

（中部報道部・仲田佳史）

――幼少時代の話を聞かせてください。

「那覇市山下町《やましたまち》の生まれで、物心ついた時にはすでに戦争の臭いがしていた。目の前は那覇港で日本軍の病院船が入港し、山手の方には石部隊《いしぶたい》もいた。ご飯を食べる時には『箸とらば、天地御代の御恵』などと言ってから食べていた。10・10空襲[*]の時は山手の防空壕《ごう》に避難していて、空からバラバラバラと爆弾が落ちてくるのを見た。豆粒みたいで少年にとっては何とまあきれいだろうと、珍しい物を見るような感覚だった。その後、那覇も危険ということになり一家で恩納村山田《おんなそんやまだ》に避難。仲泊《なかどまり》を越え、恩納岳《おんなだけ》を登った。石川岳《いしかわだけ》に向かい、今のキャンプ・ハンセン北側の谷底で捕虜になった」

「捕虜になったのは1945年4月後半か5月初め頃らしいが、20歳ぐらいまで分からなかった。おやじは『明治男』で軍国主義を生きてきた。天皇の民である自分らがいち早く捕虜になったのは屈辱だと感じ、『いつ捕まったかは言うな』と家族に申しつけていたようだ。もしおやじが単独行動していたら多分切腹していただろうが、女房、子どもがいる。そういうわけにはいかなかったんだろうな」

＊10・10空襲　1944年10月10日、沖縄や奄美などを襲った米軍の無差別爆撃。日本の軍事拠点破壊などが目的で、旧防衛庁資料などによると死者668人を含む約1500人が死傷し、那覇市域の約9割が焼失した。この空襲では久米島沖でも八重山からの徴用船が撃沈され、約600人が亡くなったとされる。

―どのような暮らしを。

「屋嘉《やか》の収容所が満杯で石川《いしかわ》の収容所に行った。そこにできた城前小学校に1年生で入るわけだが、教室も校舎も教科書もない。軍から贈られた鉛筆はあったが、削らないで地面に字を書いた。青空教室だから雨降りや猛暑、風が吹いたら休み。こんないい学校はなかったな」

「収容所ではうちひしがれた人たちを何とか慰めようといち早く芸能が登場し、劇団ができた。収容所には宮城能造さんや平安山英太郎さんら、今、名前を挙げてもすごい役者がいた。夕方ごろ、踊りや歌三線《うたさんしん》が始まる。テレビも何もないから唯一の娯楽だったが那覇の人間にはなじみはなくて、その時はそんなに興味があったわけではなかった」

―琉球放送入社の経緯は。

「石川高校を卒業して1年後、社員募集を見て琉球新報に入った。父は13歳のころ亡くなり、姉や兄が家計を支えた。『大学に行け』と言われたが、苦労をかけるよりは社会で頑張ろうと決めた。記者1年目は社会部で東京や関西から来るカタカナの電報を記事に直した。ある時、沖縄について『マタイシは次のように語った』と書いた電報があった。マタイシの意味は分からないが、語ったのだから人の名前だろうと『マタイ氏』と直して出した。だが、実際は『マタイシ』は『マッカーサー大使』の略だった」

「高校3年のころ、先輩から声が掛かり、琉球放送の放送劇団に入った。ラジオドラマに出演して脚本も書いていたので、会社にもよく出入りしていた。新報に入ってからも演劇を続けていた。入社1、2年が過ぎたころ、琉球放送にいた知人から『報道制作の社員を募集するから受けてみろ』と声が掛かった。これからはラジオの時代だと放送に移った」

――21、22歳までしまくとぅばを話せなかったというが。

「明治生まれの人に産んでもらって、大正の人に教育された。天皇の民は方言を使ってはいかん。子弟教育は共通語でやれ、日本人になれ、という時代。親同士は方言で話していたが、僕には使わなかったと思う。おじい、おばあも僕らに何か言うときはヤマトグチ。単語を使うことはあっても話すことはなかった」

「琉球放送で制作に移ったら、芸能物をやれといわれた。だがウチナーグチが分からないと、『かぎやで風』ひとつ紹介できない。それなら勉強しようと思った。僕にとっては島うたがウチナーグチ習得のバイブルになった。島うたが作られた背景を知るため、宮古や八重山、奄美大島にも行った。琉球弧《りゅうきゅうこ》の島うたを通して、言葉を覚えていった。年がら年中、言葉の意味を調べ、一つずつ理解が深まっていくのが面白かった」

「当時、琉球放送に出入りしていた民謡歌手は明治や大正生まれで、方言しか話せない。地方では方言で会話が成り立つのに、放送に出るようになりヤマトグチを勉強しないといけなくなった。こっちはウチナーグチを勉強したいので互いに教え合った。会話で分からない言葉が出てきたら、

「民謡で今日拝なびら」の台本を書く20代のころの上原直彦さん＝1960年代、那覇市久茂地の琉球放送

今何と言ったんですかと聞いて学ぶ。敬語なのかも分からず使って、『生意気なやつ。辞めさせろ』と言われたこともあった。放送で間違えて、訂正して謝ることもあった」

—「民謡で今日拝なびら」は放送53年目になる。

「入社したころ、『素人のど自慢』という番組で各地を回った。それ以前は那覇近辺で昔、歌っていた人がスタジオに来て歌っていたが、どこに行っても三線を片手に来る人がいる。それまで三線や歌がうまくても、活躍の場はエイサーや毛遊びくらいだったがラジオの電波に乗るようになり、沖縄中、歌が得意な人がブワーっと出てきた。民謡人口が増え、民謡はどんどん盛んになる。次第にあれが聴きたい、これが聴きたいと番組にリクエストが来るようになり、それじゃあリクエスト番組を、となった」

「リクエストは、書く人の思いが見えるからはがきか手紙でしか受け付けない。曲を書いて、ポストに入れる。その労力に報いないと。小さな子が鉛筆で一生懸命書いた字を見るとほっこりもする。書き手と思いを共有したい」

—昔は歌、三線は遊び人のものという風潮があった。

「戦前から首里、那覇を中心にそんな考えがあった。地方の農民が畑を耕さずに三線を歌っていたら、生産力が落ちるからというのが理由。軍国主義の時代になると、恋歌も発表できず、言論の自由がなかった。抑圧されていながらも、それでも人は歌を歌い続けてきた。そこにウチナーンチュの魂を感じる」

「民謡番組のプロデューサーだと軽蔑もされた。周囲から『そんなものやるな、低俗かつひわいなものだ』と言われたこともある。だが、沖縄の文化として続けてきた。歌が嫌いな人はいない。放送を続けることで島うたというのは何と楽しいものではないかと、次第に良さが共有されていった。ラジオが島うた文化を切り開いていったと思う」

―民謡はウチナーンチュの心に共鳴するところがある。

「沖縄はこれまで失ったものが多すぎた。薩摩支配*や沖縄戦、アメリカ世《ゆー》**であったりと、自主というものが随分、失われてきた。しかし歌というのは非常に自主的だ。自分から発想が持てるし、それをすんなりと共有できる。それがあるから根強く残り続けてきたのだと思っている」

＊薩摩支配　→155頁（薩摩侵攻）

＊＊アメリカ世　第2次世界大戦末、沖縄戦で米軍に占領された沖縄は、１９７２年の本土復帰まで米軍政府の施政権下に置かれた。この時期を「アメリカ世」と呼ぶようになった。この間県民は基本的人権や自治権がほとんど認められず、軍用地の強制接収、米兵犯罪被害などで苦しめられた。

「民謡には沖縄の言語文化、風俗文化が詰まっている。海洋博の歌、日本復帰の歌と、歌詞を見ればその時の様子や人々の生きざまが感じられる。島うたは庶民の生活史そのもの」

—ラジオでは言葉の語源や成り立ちをよく紹介する。

「若い人が聞くようになり、言葉の例を持ち出した方が興味を持ってもらえるのではと。日本語の慣用句を沖縄風に言うとどうなるのか、などを取り上げれば、言葉に興味を持ってもらえるのではないかと続けている」

—ウチナーグチで放送することの思いは。

「ウチナーグチは、信仰といった精神文化の深い部分を伝えることができる。その土地の文化を伝えるには、やはりその土地の言葉でないと。たまにウチナーグチはなくてもいいと主張する人がいる。確かにウチナーグチがなくても、共通語で沖縄を語ることはできるだろう。だが、自分が分かる部分だけを理解すればいいという考えで言葉に接すると、その言葉が生まれた背景や成り立ちといった深いところを見ることができなくなる」

「一方で言葉は時代時代で変化するものでもある。100年前の人が私のウチナーグチを聞けば、違うと言うかもしれないが、言葉は生き物で、時代によって少しずつ変化している。『今日拝《ちゅーうが》なびら』という言葉も今はあいさつで使われるようになっているが、元は番組を始めるにあたり、われわれが作った造語。長い間に市民権を得て、他の場所でも使われるようになってきた」

―県はしまくとぅば普及に力を入れている。

「今は、しまくとぅばを使おうという動きがあるが、結果が出るのは100年後。現段階で定着するかは分からない。30年後はなくなっているのかも。しまくとぅばをまだ特別なものとしてみているような気がする。だから勉強したいというのはいっぱいいるが、やる人は少ない。しまくとぅばを定着させるには毎日が『しまくとぅばの日*』になるよう、使うことを常に意識しなければならない。例えばわが家で実際にやっていたのだが、冷蔵庫に今週の言葉は『うきみそーちぃさい（おはようございます）』などと紙を貼り、実際に使っていかないといけない」

「地域によって意味は同じでもアクセントや言葉は異なる。ツバメは那覇では『まってーらー』というが、中頭では『まったらー』。奄美大島や八重山、宮古に行けばさらに異なる。言葉、表現の仕方はさまざま。これだけしか使わない、と表現の幅を制約せずに、地域にあるたくさんの言葉に触れた方がいい」

―琉歌をたしなみ、本も出版している。

「ウチナーグチを学んでいくうちにたくさんの言葉を覚えた。それならば書いてみようと始めた

＊しまくとぅばの日　毎年9月18日。２００６年に県条例で制定。県内各地域で受け継がれてきたしまくとぅばを次世代に継承することを目的に、県民の関心と理解、普及促進のために設けられた。

八木政男さん（右）と対面して、「民謡で今日拝なびら」を放送する上原直彦さん＝1970年代、那覇市久茂地の琉球放送

のがきっかけだ。琉歌の題材は本を読んだ時に出てくる言葉から見つけている。きれいな表現に出合った時、それを元に歌を作ろうという気になる。カバンの中にメモ帳を入れていて、ふとこの言葉は面白いと感じたらメモを取るようにもしている」

―今の時代をどう見る。

「日本は70年間、平和だったため命のありがたさを忘れてきている。昔は助け合わないと一人では生きられなかったが、今は人の力を必要とせず、逆に邪魔だという考え方だ。戦争体験者は命懸けで生きてきたから命の尊さを知っている。『命どぅ宝』とは自分の命だけではなく、相手の命をも大切にするということ。その精神を大切にしてほしい」

「安保法が成立した今、確実に戦争に向かっていると感じる。戦争はただ国と国がするのではない。国民一人一人が巻き込まれ、その中には一人一人の戦争体験がある。それは住民が千人いれば千の戦争があるということだ。今の時代を見ているとまた千の戦争をおっぱじめるのかと危惧している」

（聞き手＝中部報道部・仲田佳史）

平和構築 県民運動で

吉元政矩さん（78）

元副知事

よしもと・まさのり 1936年11月16日、与那国島生まれ。78歳。八重山高校卒業後、琉球気象台石垣島測候所に勤務。復帰協事務局長、県職労委員長などを経て、83年には県労協事務局長に就く。90年には大田県政の下で、政策調整監を務める。93～97年まで副知事。退任後は、県地方自治研究センターの理事長なども歴任した。

2015年10月25日掲載

「過去を見る。今を読む。そして将来を見通す目を持つ。これが僕の生きざまなんです」。80歳に届こうかという年齢を感じさせないほど口調は力強い。

かつて県祖国復帰協議会（復帰協）と県労働組合協議会（県労協）の屋台骨を支え、大田昌秀《おおたまさひで》知事（当時）の側近として手腕をふるった。表舞台から去った今なお、国内外の情勢を読み解き、沖縄の行く末を見通して進むべき道にアイデアを巡らせる。

「したたかな戦略家」。そんな異名の源泉は、若いころから関わった労働運動にある。復帰協では、摩文仁《まぶに》から辺戸岬《へどみさき》への復帰行進を発案。1965年以降、毎年繰り返し、主席公選を実現させようと有権者の機運を盛り上げた。運動を仕掛け、目標達成につなげるという手法は、大田県政誕生時にも駆使した。

2度にわたる嘉手納《かでな》基地の包囲行動が、そうだ。87年と90年、ともに2万超（主催者発表）の参加者を集めた。「県民ぐるみの運動で、琉球政府の主席を住民による選挙で選ばせることを米国に認めさせ、屋良朝苗《やらちょうびょう》主席を当選させた。それから、『沖縄闘争再構築』という言葉で、大田知事の誕生につなげた」と振り返る。

93～97年には副知事を務めた。普天間《ふてんま》飛行場返還をはじめとする米軍基地の問題をめぐって、中央の大物政治家たちとも本音での協議を続けた。その交渉術について「肩書ではなく、人間として会う。腹の探り合いはせず、思っていることを率直に言う。本音を話せる相手じゃないと、利用されてしまう」と強調する。

パイオニア精神と国際的な視野は、沖縄の未来を描いた国際都市形成構想にもつながる。90年代にアジア太平洋経済協力会議（ＡＰＥＣ）が出し、２０１０年までに先進国が貿易と投資を自由化させようとした構想に基づいていた。「沖縄が東アジアの経済発展や平和の拠点として果たす役割を考えた」と自由経済の波を先取りしたと明かす。

冷徹な分析眼から見た翁長雄志《おながたけし》知事への視点には、厳しさも含まれる。「『嫌だから反対』と言っていては駄目。政治的につぶされてしまう。基地がなくなった後に沖縄をどうしたいのかというビジョンも示すべきだ」

「辺野古《へのこ》移設反対」のみをクローズアップする傾向が強い半面、ほかの基地に触れる機会が少なく、全体の問題解決に向けた見通しがないことに「私だったら、今年中に基地全体で方針を出して、来年の各種選挙を迎える」と苦言を呈しつつ助言も述べた。

「国を交渉に引きずり込むのは、政治の勝負ではなく県民の力。平和の要石としての沖縄を県民運動で築かないといけない」

（社会部・松崎敏朗）

―生まれは日本最西端の与那国島《よなぐに》ですね。

「三つになるまでいた。おやじが務めていた西表島《いりおもて》の炭鉱会社が台湾に事務所をつくるので、父母ときょうだい4人で移り住んだ。姉2人と下に弟がいた。小学校3年の時に敗戦を迎え、与那国に引き揚げる。そのころ、海外に出ていた人が一斉に帰り、人口が7、8千人になった。生活できず石垣《いしがき》に移り住んだ」

「吉元家は与那国で地域を束ねる按司《あじ》という役割を担っていたみたいだ。祖父は明治生まれ。議会などで話しがまとまらないと、集落に呼び掛けて学校の運動場で集会を開いて祖父が意見を求める。幼い頃、そばに座って仕切るのを聴いた。その時は意味が分からなかったけど、吉元家はこういう役割だと学んだ」

―どのような経緯で労働運動の世界に入ったのか。

「八重山《やえやま》高校を卒業した後、気象職の試験を受け、石垣島測候所で働いた。1960年12月に那覇の気象台へ転勤になり、その後はずっと那覇に住んでいる。気象台は交通局の中にあったので、交通局労働組合の一員になる。専従役員に誘われて休職し、復帰まで続けた。琉球政府の労働組合の書記長もやった。63～65年に県祖国復帰協議会*（復帰協）の事務局長も担当した」

―復帰運動を通して何を学んだのか。

「復帰運動は労組と政党だけがやるのでは駄目だとつくづく感じた。全県民がその気にならないと駄目。そこで摩文仁から辺戸岬への復帰行進を提案し、団長として2週間歩いた。65年4月28日の朝、**27度線の海上で大会を行い、終わると自動車で那覇の県民大会に合流した。毎年、4月には復帰運動で県内をくまなく歩く体制をつくり、68年の主席選挙で、***屋良朝苗《やらちょうびょう》さんの当選に貢献した」

――復帰協が一段落した後は、どのような仕事をされていたのでしょう。

「二つの革新県政に続く保守系の西銘《にしめ》県政では主査だったが、知事の側近から政治関係の議会答弁を書くよう言われた。『質問者は、あなたの昔の仲間。質問を見たら発言の意味が分かるだろ』と。

＊県祖国復帰協議会　1960年4月28日に結成された復帰運動の中心母体。サンフランシスコ講和条約の発効した4月28日を〈屈辱の日〉ととらえ、この日を中心に運動を行った。

＊＊27度線の海　1953年、国頭村辺戸岬と鹿児島県与論島の間の海上にあった北緯27度線を境に奄美は日本に復帰したが、沖縄は米軍支配が続いた。72年以前、毎年4月28日に27度線を挟んで沖縄代表団と本土代表団によって祖国復帰を訴える海上集会が行われた。

＊＊＊屋良朝苗　1902～97年。琉球政府主席で、初代公選知事。米軍統治下、琉球政府のトップである行政主席は米軍が任命していたが68年11月に初めて公選が実施され、屋良朝苗氏が当選。復帰実現に尽力した。復帰後は、国家施策と住民の板挟みになりながらも激動期の沖縄のかじ取りに全力を傾注した。沖縄、台湾で教職、戦後は沖縄群島政府文教部長、沖縄教職会長などを務める。

ハンストを決行する県祖国復帰協議会事務局長時代の吉元政矩さん（正面右）＝1964年4月20日

仕事と言われたら書かざるを得ない。書いたものを渡すと、議会の調整は、前日の一番最後。西銘さんは泡盛を飲んでいて『お前も飲め』と言われた。西銘さんは、お母さんが与那国出身で、郷友会《きょうゆうかい》にも入っていて、吉元家とも付き合いがあった」

―その経験で得たものは大きかったのでは。

「かなり大きかった。ただ、二期目に入って基地問題をやらないことに気づき、訪米を提案する。1度行ったが、実績はなかった。西銘さんは『県民のために何をしたらよいか』と考え、道路、港湾、空港を整備して県民所得を上げた。だから否定はしない。かなり評価する。だが、生活基盤を作って離島にも道路を通した。だが、基地問題には指一本触れなかった」

—県労協に入った経緯は、どのようなものだったのでしょう。

「その後、県立芸術大学設立準備室に課長補佐として異動する。県庁で左遷されたとうわさが広まり、労組の幹部から（県庁を辞めて）県労協の事務局長になるよう頼まれた。当時はまだ40代。生活のことを考えたら迷いもあった。だから、事務局長になった際には非公式に『おれが県庁辞めたんだから、10年間は首にするな。約束できるか』と迫り、『その代わり革新県政をとる』と宣言した」

—大田（昌秀）県政の誕生につながるわけですね。

「その時復帰協の事務局長時代を思い出して県内を走り回り『沖縄闘争再構築』という言葉を作った。87年には嘉手納基地包囲行動のため、周辺6市町村、婦人会、老人会、青年会と共通認識を合わせた」

—大田さんを当選させるためのプロセスだったのでしょうか。

「まったくその通り。ムードの醸成だった。だが、大田知事を誕生させるのには、時間がかかった。86年には1度、説得に失敗。大田さんが知事選に出る90年にも2回目の包囲行動を行った」

—なぜ大田さんだったのでしょうか。

「理由の一つは冷戦の終結。80年代中頃、ソ連のゴルバチョフ書記長と米国のレーガン大統領の

米軍用地の強制使用問題で、村山富市首相から代理署名を行うよう求められた職務執行命令に対し、三役会議で「拒否」する意向を示した。大田昌秀知事（右から２人目）らとともに三役会議に出席する吉元政矩氏（同３人目）＝ 1995 年 12 月 4 日、県庁

話し合いが始まった。もう後戻りはないと確信した。沖縄の過重負担を変えるためには、どうしても戦争体験者、沖縄戦の生き残りの人が必要だった」

―大田県政２期目の１９９５年、米軍用地の代理署名拒否問題があった。当選前から考えていたのですか。

「サイン（署名）しないと大混乱するのは見えていたが、『当選したらノーと言おう』と申し合わせていた。しかも、相手は村山（富市）政権。彼は大分出身で自治労出身。旧知の仲だ。『大田は少なくとも最高裁までやりますよ』と伝えると、村山さんは『格好悪い』と言っていた。僕は『格好の問題じゃありませんよ。そうしないと（問題は）日本全体まで広がらない』と言った」

「最高裁までいくと考えていた。まずはやれることからやろうと考えた。結果として、国の省庁再編統合とともに機関委任事務がなくなった。沖縄の提起は大きな意味があった」

―普天間飛行場の返還交渉などにも取り組んだが。

「村山総理の時に、沖縄の基地問題を官邸で正式に取り上げる協議会を作らせた。防衛庁長官（当時）、県知事らの構成。そこに基地返還アクションプログラム**を提示し、村山首相もやる気になり、橋本龍太郎首相も引き継いだ」

「96年だと思うが、鳩山由紀夫さんが、北海道の自分の選挙区に沖縄の海兵隊を引き取る案を作っ

＊代理署名拒否　大田昌秀（1925〜2017年）知事が1995年、米軍基地として土地を強制使用するための代行手続きを拒否。その後、政府が軍用地の使用裁決手続きに着手し大田知事に代理署名を求めたものの、大田氏は政府からの勧告と命令を拒否した。大田知事は19歳の時、沖縄戦に動員され、多くの友人を失った痛恨の思いが活動の原点となっている。2017年にはノーベル平和賞にノミネートされた。

＊＊基地返還アクションプログラム　沖縄県が「21世紀の沖縄のグランドデザイン」として策定を進めた計画。2015年までに段階的に県内の米軍基地を返還させるとした。同時に、基地経済からの脱却を求めて策定された「国際都市形成構想」も進められていたが、2000年3月に県の推進室が廃止されて、同構想は頓挫した。

た。その件で野中広務官房長官（当時）とも会った。官房長官が密談に使う都内ホテルの一室。『あんな寒いところ駄目だよな』と言われたから『野中さん、僕は気象台出身だよ。（朝鮮半島の）38度線はもっと寒い。あんな所にいるんだよ』と言ったら笑っていた」

「だが、結局は実現しなかった。日本の政治家の中には、米国との関係を乗り切れる人がいない。官邸サイドに沖縄の基地問題を話すと彼らは顔色を変える」

――普天間飛行場返還については事前に連絡があったのか。

「正確には覚えていないけど、そういうアクションを取ると政府筋から聞いていた。『県内移設が前提条件だと大田はノーと言うよ』と伝えていた。ゼロか百かで考えられたら簡単だが、そういうアクションがないと基地は動かない。そこまでいくのは政治の勝負ではなく、県民の力。それを無視してはいけない」

――あれから20年がたちました。今の翁長県政の基地問題への対応を、どのように見ていますか。

「ちょっときつい言い方をする。辺野古への新基地建設を駄目と言う際には『米国に持っていけ』『日本本土に持っていけ』など、具体的に言わないといけない。沖縄の海兵隊の役割は、朝鮮半島の米国人家族を救出するもの。一番近いのは（長崎県）佐世保。ただ『駄目』と言っても政治的に相手につぶされる。命、人権の問題と言わないといけない」

「目標を持ち、そこに向かっていくためのシナリオはある気がする。ただ、その目標が何なのかは分からない。辺野古への新基地建設反対と言うが、それ以外の基地問題が出てこない。反対と言うだけでなく、基地返還後にどうするのかを掲げることが必要だ」

—現在、翁長知事に対する県民の支持率は高い。

「これまで辺野古への新基地建設を認めていた人が、反対に変わって知事になったことで期待している。これから本物になるかどうかが問われることになる。本物になるとしたら、辺野古の問題だけではなくほかの基地問題も取り上げるようになるはずだ。そこが曖昧で見えてこない」

「来年、知事としての任期の中間点を迎える。宜野湾《ぎのわん》市長選、県議選、参院選にどれだけ腹をくくっているのかを見てみたい。僕だったら、今年中に米軍基地全体の方針を出して選挙に臨む。それを2期目の足掛かりにして、次の4年間でさらに考える」

—8月に県と政府が辺野古問題で集中協議したが、結局何もなかった。

「プラスアルファがあると思ったのかもしれないが、完全に安倍晋三首相と菅義偉官房長官の心を読み間違えた。支持率が下がり、相手が弱っている時に、自由にさせてはいけなかった。甘く見られたかもしれない。年末に予算の問題も出てくるが、ケンカすればいい。知事本人もそうだが、2人の副知事もそういう意識を持たないといけないはずだ」

—10年後の沖縄はどうなっていると思いますか。

「まず、道州制が導入されていると思う。今よりも自治が尊重されれば、沖縄にとってはプラス。

陸上自衛隊が移ろうとしている佐賀に普天間飛行場も移る可能性が高い。近くには岩国基地もある。沖縄の海兵隊がいなくなるという展望で考えればよい」

（聞き手＝社会部・松崎敏朗）

少年時代の風景 源泉

又吉栄喜さん (68)

作家

またよし・えいき 1947年浦添村（当時）生まれ。琉球大学法文学部史学科卒業。72年から99年まで浦添市役所に勤務。75年「海は蒼く」で第1回新沖縄文学賞佳作。76年琉球新報短編小説賞、77年九州芸術祭文学賞最優秀作。78年第13回沖縄タイムス芸術選賞奨励賞。80年「ギンネム屋敷」で第4回すばる文学賞。96年「豚の報い」が第114回芥川賞に輝く、同賞受賞は県内3人目。同年第30回沖縄タイムス芸術選賞大賞。近著に「時空超えた沖縄」（燦葉出版社）など。

2015年11月29日掲載

豊かな海と古い民俗が残る島、気がふれた米兵、ギンネムが生い茂る家に住む朝鮮人、「マブイ（魂）」を落としたホステス…。少年時代の原風景から、作品を書き続けてきた。「半径2キロメートル以内の出来事が、想像力を喚起させてきた」と、小説の源泉を語る。

沖縄戦の爪痕が生々しく残る1947年、米軍が史跡「浦添《うらそえ》ようどれ」に建てたテント小屋で生まれ、2歳まで過ごした。先祖代々の土地はすでにキャンプ・キンザーとなっていた。一家はテント小屋を出た後、屋富祖《やふそ》通り近くに居を構えた。

子どもたちに菓子を配る陽気な将校、「ベトナムに行きたくない」と泣きわめく新兵、又吉家に間借りしていた女性の恋人だった米兵。物心ついたころから風景に基地、米兵があった。

よく遊んだ浦添・港川《みなとがわ》の海岸にある「カーミージ（亀岩）」も、米軍の居住地区を抜けて通った。自然と基地、「古層」と「近代」。「足元には普遍性をもったテーマがある」と、戦後、復帰、現在と見続けてきた故郷に思いをはせる。

「戦果」と称し、盗みなどで米兵に対抗する沖縄の大人たちのしたたかさも目の当たりにした。「人間の喜怒哀楽、赤裸々な姿を見聞きした経験も（小説の）素地になっている」。

高校卒業後、琉球大史学科に進学したが、折しも60年代後半は学生運動の真っただ中。学科は全共闘の中心で、基地問題、復帰闘争をテーマに集会やデモにのめり込んだ。「人間とは、社会とは何か。世の中全体が変革の気風に満ちていた」。ロシアやフランスなど世界の革命史を基に、連日学生同士で激論を交わし、4年間を過ごした。

卒業後は臨時教諭などを経て72年に浦添村役場（当時）に就職したが、直後に結核を発症し、金武《きん》の療養所で1年間の療養生活を余儀なくされた。初めて迫ってきた死への不安。「躍動していた少年の自分、故郷の風景ばかりが浮かんだ」。

退院後に訪れたカーミージから海を眺めた時、「書き残したい」という衝動が湧き上がった。一月もしないうちに原稿用紙130枚に書き上げた。人生に失望した女子大生と、老いた漁師の交流を描いた「海は蒼《あお》く」は第1回新沖縄文学賞佳作となる。「小説家・又吉栄喜」の誕生だった。

作品は基地や沖縄戦、習俗など多岐にわたる。当初は基地が主なテーマだったが、96年の芥川賞受賞作「豚の報い」前後、次第に沖縄の民俗学的な事象に関心を寄せるようになる。「復帰三大事業などを経て、風景も制度もどんどんヤマト化された。逆に『沖縄らしさ』を求めたいと思った」

辺野古《へのこ》の問題が連日叫ばれる中、再び基地をテーマに書きたいという。「社会がかき回されるところに、文学が生まれる。基地に対する沖縄の人の思いや行動、日本政府の強権性。そういったものを探りたい」

（社会部・渡慶次佐和）

仲西中・首里高時代はバレーボールに熱中。長身を生かし、強豪校に導いた。前列右端が又吉さん＝1960年ごろ（本人提供）

—身近な場所から作品の材を得ている。

「生まれ育った浦添*ようどれ、屋富祖通り、キャンプキンザーなど、2キロ以内で見聞き、感じたことを基にしている。一番の原風景は港川の海岸にあるカーミージ**（亀岩）。デビュー作『海は蒼《あお》く』の世界になっている」

—少年時代から書くことが好きだったのか。

「全然。当時はカーミージのような自然の中に入り込む遊びに夢中になった。植え付けられた自然のパワーは、年を重ねてもよみがえってくる」

「中学、高校時代はバレーボールに熱中した。仲西《なかにし》中の時は那覇地区優勝、首里《しゅり》高では沖縄全島大会で優勝した。まったく文学的な少年ではなかった」

—米兵や基地を取り扱った作品が多い。

「基地の近くに住んでいたので、さまざまな米兵を見てきた。電柱にしがみつき、『戦争が怖い、ベトナムに行きたくない』とわめく米兵もいたし、歩きながらウイスキー瓶を民家に投げ付ける米兵、通り掛かりの沖縄の女性を捕まえようとする米兵もいた」

「子ども心に、米兵の中でも上下関係や差別があると感じていた。出兵すれば生きては帰れないという恐怖や不安もあっただろう。戦争を前にすると、人間は優しい気持ちになんてなれない。それが外に向かい、沖縄での凶暴な事件につながるのだと思う」

―「ジョージが射殺した猪《いのしし》」は米兵側の視点で物語が進む。

「作中では善良で、戦争に適応しない新兵ジョージを描いた。米国の田舎の純朴な青年を狂気に落とす軍隊の不条理、怖さを書いた。個人的にだが、1から100まで悪の人はめったにいないと思う。軍隊や戦争が狂わせていく」

「もう一つのイメージは、1950年から60年代、米兵が農民と猪を間違えて撃ったという新聞

＊浦添ようどれ　浦添城跡北側にある英祖王統と尚寧の墓。13世紀に築かれ、17世紀に尚寧王が修築したとされる。墓の中の石厨子は県の文化財に指定されている。

＊＊カーミージ　浦添市の西海岸にある亀形の岩礁や周辺に広がるイノー（礁池）の通称。カニやエビ、貝、魚など多様な生物が生息。

記事だ。この1行が強烈に頭に残っており、想像をめぐらせた」

――実際に米兵と接する機会も多かったのか。

「実家に間借りしていた奄美大島《あまみおおしま》出身の女性は米兵の愛人で、珍しい食事を食べさせてもらったり、映画に連れて行ってもらったりした。家には琉球警察の警察官だった父を訪ね、米兵とトラブルを起こした沖縄の人が『見逃してくれ』と物品を手に懇願しに来ていた。沖縄の人たちのしたたかさも感じた。身近な場で、人生が赤裸々に表れていた」

「小学生のころ級長だったので、基地内のクリスマスパーティーに招待された。中学では、米軍が楽器や体育器具の寄付に訪れていた。将校の奥さんが英語の発音を授業で教えたり、真夏に学校のグラウンドの整地を手伝う米兵もいた。後になって、広い意味での『アメ政策』と分かった」

――大学時代は何を学んだのか。

「高校の時に歴史に興味を持ち、琉大史学科へ進んだ。文学よりは歴史を究明したかった。大学にいた1960年代後半は学生運動が盛んだった。教授は追い出され、授業は閉鎖。集会をするなどして4年間過ごした」

「運動を通し学んだことも多かった。自分はなぜ、今この位置でこのような行動をしているのか。行動の一つ一つに疑問が浮かび、それを解決するために勉強する。革命史や、社会理論の本を読みあさった」

24 歳ごろの又吉さん。浦添村役場に就職が決まったが、肺結核を発症し、療養生活を送る。この生活が作家として契機となった＝ 1970 年ごろ、浦添市（本人提供）

―当時の沖縄の状況は。

「社会全体が『変革しよう』という気風にあふれていた。学生だけじゃなく、教職員、全軍労、主婦も。沖縄全体が一つの社会変革というか、人間の生き方を求め、行動を起こしていた時代だった。そういう中で常に悩み、思考し続けた」

「卒業後に文学をやるようになったのも、大学時代に社会変革の嵐にもまれたこともあると思う。人間とは、社会とは何か。大学時代に思索したことは、書くための素地となっている」

―当時の学生運動は「復帰」がテーマだったのか。

「そうだ。今の問題にも続いている。学生たちも復帰を熟考して『こうあるべきだ』と一つの論を打ち立てたけど、うまい具合に現実の『復帰』として咀嚼《そしゃく》されていない。その咀嚼されていない部分が今の辺野古問題に尾を引いている」

「一番好きなところ」という、浦添市港川の海岸の「カーミージ（亀岩）」を訪れる又吉栄喜さん。芥川賞受賞後も訪れ、イメージの源泉に感謝した＝1996年ごろ、浦添市（本人提供）

―卒業後は。

「卒業して2年後、役場に入ったと思ったら、5月に結核になった。肺に1センチぐらいの穴が開いていて、医師に『20年前ならあの世行きだった』と言われた。金武の療養所では絶対安静で制約が多く、血気あふれる24歳当時は監獄のように感じた。何もすることがなく、読書にふけったり、感じたことを書き留めるなどして日々を過ごした」

「当時でも療養所で亡くなる人が結構いた。何度も、担架で遺体が運ばれていく光景を見た。生と死の微妙なバランス、命の尊さを身を持って感じた。そのころから、社会理論の本を離れ、人間の生きざまを表現する小説に気持ちが向かうようになった」

―**療養所を出た後、小説を書いた。**

「療養所では来る日も来る日も、少年のころ躍動していた自分を思い浮かべた。死を自覚し、生の輝きが迫ってきたような感じだった。カーミージに行きたくてたまらなかった」

「療養所を出てすぐ、カーミージに行き、海を眺めた。ふいに『これを書かないと、死んでも死にきれない』という衝動に駆られ、2~3週間で130枚を書き上げた。人生に失望した女子大生と老漁師の物語で、女子大生に自分自身を投影させた」

―**その後、精力的に作品を発表し続ける。**

「(私の過ごした)世界はインターナショナルというか、いろんな世界の人を感じられる場だった。『カーニバル闘牛大会』では、米軍の中で差別されていたプエルトリコ系の米兵、『ターナーの耳』では発狂したベトナム帰りの将校の話。2キロ以内に、多様な世界が集約されている」

「半径2キロ以内の世界と大学時代に学んだ世界史や学生運動、療養所での体験。僕の作品は、この三つがミックスされている」

『ギンネム屋敷』では、戦争被害者で米軍に徹底的にやられた沖縄の人が、より弱い朝鮮の人を恐喝に行ったりする。『ジョージが射殺した猪』の主人公の新兵も、本来なら上官にぶつけるべき怒りを、自分より弱い沖縄の老人に向け、殺してしまう。共通するのは、弱い者を犠牲にし自分の『生』を確保する人間の姿。そう仕向ける戦争や軍事組織の恐ろしさを表現したかった」

―芥川賞受賞作「豚の報い」前後は民俗学的なテーマが多い。自身、作風の変化があったのか。

「初期のころは復帰直後だった。復帰直後だからこそ、アメリカが支配していた占領期の沖縄が自分に迫ってきた」

「『豚の報い』の時期は、海洋博、若夏国体、植樹祭といった*復帰三大事業を経て、沖縄は風景も制度も、どんどんヤマト化された。逆に『沖縄らしさ』への思いを募らせていった」

―今後、どういったテーマに向き合いたいか。

「古層に存在する沖縄の力について考えている。近著では『冥婚《めいこん》』や『松明《たいまつ》綱《つな》引《ひ》き』だ。沖縄の人がずっと持ち続ける感性や死生観という、内面的なものを引っ張り出そうと思っている」

「一方で、あらためて基地もテーマにしてみたい。初期のような世界に戻り、基地に対する沖縄の人の思い、行動、思想。そういうものが過去から今にどうやって伝わってきているのか探ってみたい」

―辺野古の問題もテーマに含まれるのか。

「どういうテーマで書けるか、考えている。反対派、賛成派といった沖縄の人同士の対立がある。警備する側にも沖縄の人がいる。あるいは日本政府の強権性はどうか。独裁者の存在を出し、日本の歴史を包含させて一つの形として出せるかもしれない」

「海と建造物の闘いという側面もある。辺野古問題は近代人の欲望の問題でもある。僕からすると、自然は天からの恵みで、人間に生きがいを与える。だが一方で人間には金への欲望もある。欲望と人間性との闘いもテーマとなりうる」

―現在の新基地建設****の問題についてどう思うか。**

「今、辺野古について行動を起こすと、小説以外で一つの道筋ができてしまう気がする。小説家は『迷うこと』が第一条件だ」

「もちろん、新基地も米軍も戦争も一切反対だ。だが物事を賛成、反対と単純化し言動に移してしまうと、小説を書く上で人間が置き去りになってしまう。『ジョージが射殺した猪』の主人公は人を殺すが、彼は米軍の中でも、沖縄の人からも蔑視されている。人間を洞察しないと背景にある

＊復帰三大事業　沖縄の祖国復帰を記念して、沖縄復帰記念植樹祭（１９７２年）、若夏国体（１９７３年）、沖縄国際海洋博覧会（１９７５年）が開かれた。

＊＊新基地建設　→177頁（辺野古新基地建設）

問題、本質は浮かび上がってこない。だから小説家には『迷い』が不可欠となってくる」

——新沖縄文学賞などの選考委員を務めている。次世代についてどう思うか。

「辺野古の問題のように、社会がかき回される、騒がしくなると文学は生まれてくる。人間を見詰めるからだ。若い人が基地問題や対ヤマトをどのようなテーマで書いてくるか楽しみだ」

（聞き手＝社会部・渡慶次佐和）

喜劇の女王 爆笑70年

仲田幸子さん（83）

沖縄芝居役者

なかだ・さちこ　1932年10月10日、那覇市泉崎生まれ。83歳。甲辰国民学校の時に沖縄戦を体験、投降して石川収容所へ。終戦後は宮森小にも通った。14歳で「南月舞劇団」に入り、17歳で同劇団の龍太郎さん（故人）と結婚。各地の劇団を転々として芸を磨き「でいご座」を旗揚げして座長になった。那覇市の「仲田幸子芸能館」を拠点に、母の日や敬老の日の定期公演のほか、ＣＭやラジオ番組などでも活躍。97年県文化功労者表彰。沖縄タイムス文化賞や同芸術選賞奨励賞なども受賞した。

2015年12月14日掲載

那覇市松山《まつやま》の繁華街に酔客が行き交うころ「仲田幸子芸能館」のあるじがマイクを握る。「お待ちかね、サチコーの歌と踊りを生放送でお届け致します。入り口は鍵を掛けたから、もう逃げられないよ」。滑稽な動作にしわがれ声。おしろいをはたき真っ赤な紅を引いた、ぎらつくたたずまいが見る者をとりこにする。

ことし9月に芸歴70周年記念公演を開いたが「戦後70年だから何となくさ。本当は来年が70年の節目」と明かす。「小さなことにはこだわらない。生きているからいいよ」と笑い飛ばす度量も、女王たるゆえんだ。

生後すぐに母が他界。たる作り職人だった父もほとんど家に居ず、泉崎《いずみざき》の粗末な平屋に3歳上の兄と身を縮め、浜で捕った小ガニを売り、食費を稼いだ。唯一、心をときめかせたのが芝居だった。「珊瑚《さんご》座ファンのおばあちゃんに『白髪《しらぎー》ぐゎー抜げー』と頼まれたら、おめかしして劇場に行く合図。もう、うれしくてね」。きらきらと輝く役者陣に羨望《せんぼう》のまなざしを向けた。

やがて戦争。親がいない寂しさの裏返しで同級生と一緒の九州疎開を望んだが、船賃10円も工面できない。1944年8月、涙で見送った対馬丸《つしままる》は、米軍の魚雷に沈められた。

芝居との「再会」は、本島北部への避難を経てたどり着いた旧石川《いしかわ》市の収容所で。自然と耳に入る三線の音に突き動かされ「南月舞劇団」の門をたたく。副座長から返ってきた

「キジムナーのようなあんたの顔で金は取れない」のどきつい一言に「飯炊きでもいいから」と食い下がり、14歳で入団した。以来、さまざまな劇団を渡り歩き、夫の龍太郎さんと立ち上げた「でいご座」の女座長として30歳で本格始動。離島の隅々まで笑顔に変えてきた。

憧れは、艶やかな女役。「いつでもチャンスを狙っている」が、失敗も数知れず。極め付きは悲恋物語「中城情話《なかぐすくじょうわ》」のヒロインに抜てきされたときだ。天にも昇る気持ちで迎えた本番当日、芝居に気を取られ、嘉手納《かでな》の劇場まで一緒だったはずの次女明美《あけみ》さんをバスに忘れた。慌てて終点がある石川の交番へ行き、泣きじゃくる小さなわが子を見つけた。舞台には代役があてられ「ああ、私にはやっぱり『二枚目』は通らないんだ」と妙に納得した。

「喜劇の女王」と初めて呼ばれたのは、70年代半ばのラジオ番組。「名に恥じぬ芝居を」と決意し「基地や戦争の話で心が沈むこともあるけど、腹の底から笑わせて世の中を明るくしたい」と本分に徹してきた。

後を追うように、2人の娘と孫も芸の道へ。でも「喜劇は継げない。仲田幸子は一代限り」。この顔も才覚も唯一無二。〝サチコー節〟はさらに年輪を重ね、140万県民を爆笑の渦に巻き込んでいく。

（社会部・新垣綾子）

―１９３３（昭和８）年10月10日、那覇生まれ。

「最近まで昭和８年と思い込んで舞台でもそれで口上を述べてきたけど、親戚たちの話で戸籍や保険証には昭和７年とあるのが分かった。戦争の混乱の中だから自分の誕生日がいつなのか分からない人なんて、たっくさんいる。私も生まれてすぐ、お母さんが亡くなったから、小さいころの話は親戚が頼りさ。だけど82歳でも83歳でも、どっちでもいいよ。生きているから、それだけでありがたい」

―どんな家庭環境でしたか。

「今の旭橋《あさひばし》バスターミナル辺り、那覇市泉崎のとってもやなやーぐゎー（粗末な家）に住んでいた。産後の疲れで亡くなったのかお母さんの顔は知らないし、お父さんはたるを作る職人でなかなか帰らなかった。電気もランプもなく、化け物でも出そうな家に、３歳上の兄と２人、怖い思いをしながら夜を過ごした。食べ物もないから、２人で海に行って釣ったガニをバケツに入れ、通り掛かりの大人に売って歩いた。そのお金で米を買って、おにぎりにして塩を付けて食べて。昔からおつゆは飲んだことないから、今でも飲めない。肉もあんまり食べきれない」

―芝居との出合いは戦前。

「うん、ものすごく芝居が好きで、これに救われた。戦前は真楽座と珊瑚《さんご》座があって、おばあちゃんが珊瑚座の大ファンでね。私にこう頼むわけさ。『ちゅうや芝居んじが、そーてぃちゅーぐとぅ、白髪《しらぎー》ぐゎー抜げー（今日は芝居に連れて行くから、白髪を抜いて）』って。大した娯楽もない時代だから、もううれしくて」

―太平洋戦争が始まり、沖縄も戦場になりました。

「確か甲辰国民学校の高学年。（44年の）10・10空襲[*]では、那覇の中心地にあった百貨店の山形屋と円山号の近くに爆弾が落ちて、ばあっと燃え上がったのを覚えている。その後は大人を追い掛けて、南部へ逃げすーぶー（勝負）よ。与那原《よなばる》から見た那覇は火の海だった」

―その2カ月前の8月には、対馬丸[**]に乗って疎開するはずだった。

「親がいない生活で、本当に寂しかったから、友達と一緒に人がいっぱいいる所に行きたかったわけさ。でも、貧しいから10円の船賃を払うのも精いっぱい。何より、疎開はきょうだいが多い家庭が優先されたんじゃないかな。例えば5人いたら、3人はナイチ（本土）に疎開、2人は沖縄に残すという感じ。うちは兄妹2人しかいないから、行けなかった。いよいよ出発の日。汽笛が鳴る

＊10・10空襲　↓85頁

＊＊対馬丸　1944年8月22日、那覇から九州へ向かった学童疎開船「対馬丸」が米潜水艦の魚雷を受け、悪石島付近で撃沈された。学童783人を含む、乗客・船員1788人のうち、1484人が死亡した（名前が判明している数。対馬丸記念館ホームページより）。53年に犠牲者の慰霊碑・小桜の塔が建立、記念館は2004年に開館。

のが聞こえて桟橋まで走って行ったけど、船はどんどん沖に離れていった。その一日は、ずっと泣いたよ」

――対馬丸が米軍の攻撃で撃沈されたと知った時は。

「友達もたくさん亡くしたし『ああ、私も死んでいたのかねえ』って恐ろしくなった。戦後だいぶたってから、海の底に沈んだ船が見つかったでしょ。ニュースで『対馬丸』の文字が浮かび上がっ

歯切れのいい劇展開、気の利いたせりふ回しで観衆をくぎ付けにした「あっぱれ女武士」の仲田幸子一座＝1990年5月13日、那覇東町会館

た時は、涙があふれてきた」

―沖縄への米軍上陸後は、本島北部で避難生活。

「周りの大人は安富祖《あふそ》・名嘉真《なかま》って言っていたよ。谷底に防空壕がいくつかあって、そこに親戚たちと隠れていたけど、しばらくして米兵に見つかった。米兵は銃を構えながら『カメーン（おいで）』するわけさ。車高の高い米軍車両に、1人ずつ抱えて乗せられた。『どこで殺すのかねー』と泣きわめく年寄りもいるし、私もどうせ死ぬはずとしか思っていない。しばらくして『捕虜』にされたのが石川《いしかわ》収容所だった」

―収容所で、再び芝居に魅せられた。

「ナイチからの引き揚げ組も含めて、県内各地にたくさんの劇団が立ち上がり始めた。あちこちに空き家があって、稽古中の三味線の音が聞こえてくる。戦前、おばあちゃんたちと見た芝居を思い出して、居ても立ってもいられなくなってね。『劇団に入りたいんですけど』と言いにいったわけさ。当時、*玉城盛義《たまぐすくせいぎ》先生が座長、平安山英太郎《へんざんえいたろう》先生が副座長の南月舞劇団。ところが、英太郎先

＊玉城盛義　那覇市泉崎に生まれる。父盛寿、叔父盛政、盛重とともに明治・大正時代を代表する役者。大正初年ごろから舞踊家として名をなし、辻遊郭を中心とした地域で舞踊を教えた。戦後も玉城流王扇会を率い優秀な舞踊家や組踊役者を育てた。平安山英太郎とともに「南月舞劇団」の主宰を務めた。

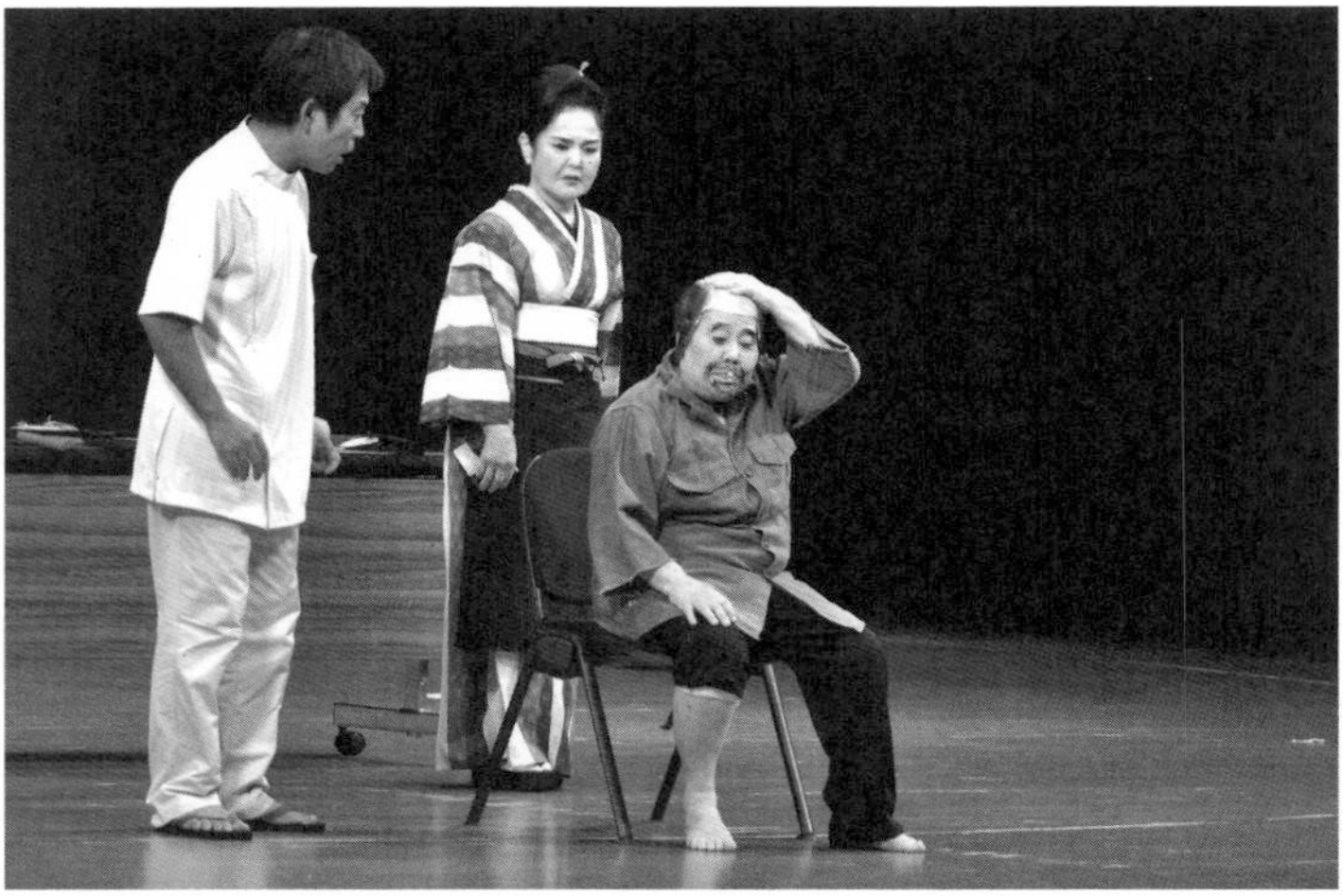

十八番の「床屋の福ちゃん」で会場を沸かせた仲田幸子さん（右）、中央は次女明美さん、左は高宮城実人さん＝2012年9月、浦添市てだこホール

生には『キジムナーみたいな顔して誰でも芝居ができると思ったら大間違いだよ。あんたではお金は取れない』と追い返された。その後も2回ぐらい頼みにいって3回目は山から取ったたきぎや野菜を持っていってサービス満点。『お手伝いでも、飯炊きでも何でもしますから』ってひざをついてお願いして、ようやく入れてもらえた。舞台衣装はアメリカの落下傘を川で洗って、アカバナーで染めて作った」

―「二枚目」がやりたかったそうですね。

「戦前、きれいに着飾った役者を眺めながら、自分も大人になったら、絶対あんなお化粧して、いいかーぎ（顔）で、舞台に立ってみたいと憧れた。心の中では1日1食でもいいから、二枚目で出してくださいって思うけど言えないわけさ。この顔だから」

――コミカルな「三枚目」は幸子さんの天職では。

「二枚目を演じたこともあるよ。民謡歌手の嘉手苅林昌《かでかるりんしょう》さんに稽古をつけてもらった悲劇『脱獄の母』に、10人ぐらいいた女優の中から主役に選ばれたのが最初。ただ、途中で観客から笑いが起きてね。芝居の後、林昌さんには『今日はよく頑張ったけど、最後まで泣かせるのが悲劇であって、笑わせたら、これ通らんよー。あんたは喜劇習いなさい』と言われた。私は真剣そのものだったから、何で笑われたのか今でも分からないさ」

「あとは『中城情話』。男にほれられる女の役で、もううれしくって親戚や知り合いに『自分、二枚目で出るよー』って自慢して回った。舞台のことばかり考えながらバスで嘉手納の劇場まで向かって一生懸命化粧していたら、(夫の)龍太郎が『(次女の)明美は?』って聞くわけ。そこで、連れて来たはずの明美をバスに忘れたことに気付いた。明美はまだ2、3歳。バスは那覇を経由して石川に戻っていたから、慌てて迎えに行ったら、交番で泣いていたよ。もう巡査にちゅんじくぬらーってぃよー(こっぴどく叱られたよ)。私の代役なんてたくさんいるから、結局その舞台には出られなかった」

――17歳で結婚し、3人の娘さんに恵まれました。

「生活は苦しかったよ。龍太郎はガードマンの仕事もしていたけど、その給料だけでは食べてい

「喜劇の女王」と呼ばれ始めたころの仲田幸子さん（左から2人目）。一緒に写る（右から）長女和子さんと次女明美さん、孫のまさえさんも芸の道に進んだ＝1970年代半ば（幸子さん提供）

けない。ある時、名護で2人芝居を頼まれて2日間公演したら、ガードマンの給料1カ月分の稼ぎがあった。子どもも養わないといけないし、これは辞められないと思った。県内なら本島内も離島もピンからキリまでどこへでも巡業に出掛けたよ。今にも溺れそうなサバニで渡ったり、おなかを大きくして芝居をしたり。三女の名前は安江《やすえ》。巡業先の国頭村《くにがみそん》安田《あだ》で生まれたのにちなんで『安』の字を入れた」

―*でいご座の座長になった経緯は。

「20代の時、解散した珊瑚座の道具をもらって、でいご座として巡業を始めた。その前後には鶴劇団、ときわ座、俳優座…とあちこちの劇団を転々としながら勉強して、でいご座の本格座長になったのが30歳。最初はおじさんが経営していた那覇劇場[**]が拠点。私は芝居ができれば肩書なんてどうでもよかったけど、女座長も一風変わっていいんじゃないという話になって。小さいころから大家族に憧れていたから、座員は家族同然。誰かが病気したら、すぐに飛んでいった」

―「喜劇の女王」の呼び名はいつから。

「40歳前後にＲＯＫ（ラジオ沖縄）の番組でアナウンサーが言ったと思う。芝居をしている時に、そう紹介されて『私が女王かあ、今からでも言われた通りに勉強しよう』ってすごく責任を感じた覚えがある。舞台に立ったら人喜ばせるのが一番の仕事。受けが良くなかった日は眠れないぐらい落ち込むよ」

―海外のウチナーンチュにも人気があります。

「県人のブラジル移住90周年の時、アメリカ、ブラジル、ペルー、アルゼンチン、ボリビアで公

＊でいご座　仲田幸子を座長とする劇団。１９６５年、那覇劇場主仲本清智が経営者となって結成、県花デイゴの制定にちなんで仲田幸子の夫、仲田竜太郎が命名した。

＊＊那覇劇場　１９４８年、仲本清智・宮里敏敬らが中心となり、那覇市樋川（通称・神里原）に設立した演劇場。戦後の一時期、那覇市の代表的な演劇場として有名であったが、経営不振のため69年劇場は取り壊された。

演した。私は初めて行ったのに、現地では半年前から告知があったみたいで、みんな横断幕で熱烈歓迎してくれたよ。沖縄の親戚から送られた私の芝居ビデオを40本持っているっていう人や、アルゼンチンでは移動に12時間かけて来た人もいた」

―長女和子《かずこ》さん、次女明美さん、孫のまさえさんも芸の道に進んでいます。

「でも、仲田幸子のまねはできないよ。でいご座は残っても、喜劇は継げない。歌手のまさえには『歌で名を残すように頑張りなさい』とは言っているけど、仲田幸子は一代限り」

―これからの目標は。

「『生きているうちは死なない』という言葉が好きでよく使うけど、死なないうちはとにかく徹底して笑い劇をやりたい。数年前、那覇市民会館で私の舞台を見た90歳になる人に『今日笑ったおかげで、あと10年命が延びました』って喜ばれて励みになった。大先輩がこんなして言ってくれるんだから、150歳まで頑張らなくちゃーって。戦後の苦しい時代から、少しでも皆さんに癒やしを、と芝居にかじりついてきたけど、パワーをもらっているのは私自身。もちろん、二枚目の夢も捨てていないよ」

（聞き手＝社会部・新垣綾子）

庶民に焦点 一筋に

山田實さん (97)

写真家

やまだ・みのる 1918年10月29日生まれ、97歳。父が大阪で医者をしていたため兵庫県で誕生。天妃小、県立第二中、明治大専門部商科を経て41年日産土木に入社、満州勤務に。関東軍に召集され、終戦後はシベリアに2年間抑留された。52年に写真機店開業。琉球政府ビルを撮った作品「光と影」が琉球新報写真展で特選を受け写真家として本格始動した。沖縄ニッコールクラブ創設や沖展写真部の発展にも尽力。78年に沖縄タイムス芸術選賞大賞、2005年に紺綬褒章を受けた。13年度県功労者表彰。

2016年2月29日掲載

1987年、全国一巡を締めくくる海邦国体の開会式。躍動する小中高生の集団演技に、ファインダーをのぞく目から涙がぼろぼろこぼれ落ちた。戦後復興の辛苦の中で、けなげに生きる沖縄の子を見つめて30年余。「ああ、あの焼け野原が、ここまで蘇生したのか」。沖縄の昭和写真史を切り開き、その変容を記録してきた写真家の胸に、一つの節目が刻まれた。

カメラとの出合いは戦前だった。県立第二中学校(現那覇高校)の合格祝いで父に買ってもらい、撮影はもちろん暗室にこもり現像に夢中になった。「人物や風景の陰影がうまく浮かび上がった時は、もう最高の気分」。しかし、2年の大学浪人。自然とカメラを持てない時間は増し、そして太平洋戦争へ。

明治大学を卒業後、伯父の紹介で土木業の国内大手へ就職し、軍需工場建設に追われる満州(現中国東北部)に配属。開戦後の44年、関東軍に現地召集され、終戦と同時にソ連軍に捕らわれた。シベリア抑留は2年に及んだ。

冬は零下40度にもなる酷寒の奥地で、重労働と極度の飢えに耐える毎日。一緒に山に入った500人ほどの捕虜は、100人近くが年を越せずに命を落とした。遺体はカチカチに凍り、スコップでたたくと簡単に手足が折れた。「まさに生き地獄。あんな体験だけは永遠にごめんだ」

47年7月、京都・舞鶴港《まいづるこう》へ引き揚げた。東京で体を癒やし、5年後に帰郷。戦の傷痕にがくぜんとした。追い打ちを掛けたのが、日本軍が住民を壕から追い出し、時には虐殺した沖縄戦の事実。「元日本兵として、何を守っていたんだと情けなくなってね」

那覇中心部の桜坂《さくらざか》に開いた写真機店を拠点に、35歳で写真家として本格始動した。フォーカスするのは徹底して庶民。中でも女性、子ども。日本復帰前後、東京や大阪で紹介される画一的な沖縄像には違和感があった。「大半の写真が基地絡み。まるで沖縄は365日、朝から晩までデモをしているかのように」

荒土に芽吹く緑、ウチナーカンプーの行商、ヤンバルの農村。騒々しい国策とは関係なく、貧しくも精いっぱい生きる人々、発展途上の街並みを追い掛けた。60年を超える歳月を振り返り「若者が沖縄に誇りを持てるようになった。うれしいな」としみじみ。

昨年、数え97歳のカジマヤーを祝った。今はもっぱら、建物2階の自宅ベランダが撮影スポットだが、家族に止められる3年ほど前まで、1人自転車にまたがり被写体を探した。

沖展にことし出品した「歩道」は、散歩帰りの保育園児たちを捉えたほほ笑ましいワンショット。「未来ある子どもたちは僕の希望。やっぱり目が追っちゃうんだ」。日だまりのような人柄が写真の端々に息づく。

（社会部・新垣綾子）

――カメラとの出合いは。

「今の那覇高校の前身、県立第二中学校の合格祝いにと、父に買ってもらったトーゴーカメラが最初。ボックス型の簡単なカメラで、当時子どもたちの間ではやっていた。だんだんと絵が浮かび上がってくる現像作業が病みつきになってね。小学生のころから絵が上手だったから、それで父は写真も好きだろうと買ってくれたと思う。ただ中3になると受験勉強でカメラどころではなくなった」

――初めて撮った写真は。

「親や兄弟。その昭和6（1931）年ごろの写真が今でも残っている。上京時に沖縄から持ち出し、満州（現・中国東北部）で関東軍に召集後は、東京の兄のもとへ送り、保管を託したのが幸いした」

――明治大学専門部商科に進みますが、志望校ではなかったとか。

「手先が器用だったから、工業系に行きたかった。でも2年失敗していつまでも浪人はできないと、明大を受けたら合格した。大学で何か身に付けなければと悶々《もんもん》としていたある日、大学新聞の編集委員募集のポスターが目に入った。よし、これだと受けてみたら、約30人の中から僕を含め3人が採用。学生時代の3年間で、取材や撮影は仕事のようになって、今思えばカメラマンの基礎になった」

――戦争の足音が大きくなっていく時代です。

「ちょうど、昭和11（1936）年の上京直前に二・二六事件が起きた。沈静化するまで2カ月ほど待って上京できたが、品川駅から出ると銃剣を持った兵隊が並んでいる。軍部が力をつけ、惨めな戦争に突き進んでいった時代。初めは学生だった大学新聞の編集長も教職員に変わり、最終的には文部省の役人が軍部への批判に目を光らせるようになった」

―大学卒業後は土木会社に就職します。

「雑誌社を志望したけど駄目で、伯父に紹介してもらったのが日産土木。約3カ月の研修後、配属された初任地は軍需工場や道路建設が進む満州。元請け会社の僕らのもとに、下請け、孫請けで何百人もの中国人が働いていた。僕はそろばんもできないのに、商科出身だから会計だった」

―やがて関東軍に現地召集されました。

「同僚がどんどん召集され、二十数人ほどいた社員の一番最後に僕にも赤紙が届いた。ソ連との国境付近にある春化で厳しい初年兵訓練を受けた。何でもかんでも連帯責任。幹部候補生の仲間2人が門限を過ぎて、しかも酒

日産土木入社後、満州に配属された山田實さん＝1941年（本人提供）

に酔って帰って来た時には十数人が分厚い革靴で顔をぶん殴られた。痛いってもんじゃない。目から火が出るというのはあのことだ。春化には1年半ぐらいいたと思う」

―終戦時の状況は。

「伍長として7、8人の兵士を束ねていた僕のもとに『山田班長下がれ』と武装解除の伝令が来たのは、終戦翌日の8月16日。その後向かった畑には、ソ連の捕虜になった部隊が500人ほど、銃を手放して座り込んでいる。伝令があとわずかでも遅かったら、ソ連軍と撃ち合いを始めて犬死にするところだったよ」

「忘れられないのは、ソ連兵に脅されながら街を移動していた時のこと。日本からの開拓団のご婦人5、6人が子どもを抱え『兵隊さん、助けてー』って叫ぶんだけど、こっちも捕虜だから何もできない。それまでは『無敵の関東軍』と威張っていたのに、目の前の女性さえも助けられないんだから、惨めだった」

―シベリア抑留[*]は2年。

「帰国という意味の『ダモイ』の言葉が飛び交っていたので、てっきり日本に帰れると喜んでいたら、乗り込んだ船が向かった先は、アムール川の最上流。さらに山奥へ連行され、零下40、50度にもなる極寒の中で厳しい労働と空腹に耐えた。僕の作業は4人1組での木の伐採で、1本の大木から6尺の丸太を3本作るのが1日のノルマ。あまりに過酷な日々で、500人いた兵士や開拓団の捕虜のうち、年明けまでの4カ月で約100人が死んだ」

—零下40度の世界とは。

「トイレは、前の人たちの排せつ物が凍って積み上がっている。遺体埋葬も大変。石みたいに凍った地面を何日もかけて掘った。背の高い遺体は穴から足が出ることがあった。しょうがないからスコップでカチンとたたき、足を折って埋めた」

—逃げたいと思ったことは。

「数え切れないよ。でも『高台に上れば北海道が見える』という誰かの軽口を真に受け、北海道出身の若者が脱走したことがあった。故郷が恋しかったに違いないが、すぐにソ連兵に射殺され、遺体は僕らの宿舎の入り口に4、5日放置されていたよ。逃げたらこういうことになるという見せしめは『効果てきめん』。僕が知る2年間で、脱走者は彼一人だった」

—日本への引き揚げが決まった時の気持ちは。

「春を待って下山し、ハバロフスク経由でナホトカへ。昼間は砂利運搬などの作業をして、午後

＊シベリア抑留　第2次世界大戦終戦後の1945年8月、ソ連の指導者スターリンは日本軍捕虜に強制労働をさせるため、シベリア移送を命じた。約57万5千人が抑留され、寒さや飢え、重労働で5万人以上が死亡した。

農作業帰りの女性たち＝1963年、大宜味村喜如嘉（山田實さん撮影）

5時から社会主義の勉強会だった。僕は大卒でそれなりに勉強ができたから、優秀を意味する『ハラショー山田』と呼ばれてソ連兵の受けが良かった。それで病人と一緒に早期帰国組に選ばれ、高砂丸という船で引き揚げ。残される者もいるから顔には出せないけど、ああ、いよいよ帰れるんだって夢心地ですよ」

―入港した京都・舞鶴港での光景が忘れられないそうですね。

「『おい、子どもがいるよ、女性もいるよ』ともう大騒ぎ。日本の女、子どもは戦争でみんな米軍に殺されたとソ連に洗脳されていたから、日の丸の旗を振って盛大に迎える人々の姿に涙があふれてきた。戦後、女性や子どもにレンズを向ける時は、折に触れあの場面がよみがえってきた」

―体調回復のため東京で5年ほど過ごし、帰郷しました。

「復職した日産土木が、基地建設などを受注していたこともあり、沖縄に戻った。しかし幼いころなじんだ風景は戦争で一変し、よく遊んだ垣花《かきのはな》のガジャンビラは岩肌がむき出しに。基地の金網が張り巡らされ、戦闘機が飛び交う古里は無残で異様な空気だった」

―再びカメラを手にした経緯は。

「最初は那覇の桜坂に雑貨屋を開いていたが、東京でカメラ店を営む友人に勧められ、カメラを売るようになった。当時は基地や住宅の建設ラッシュ。本土から押し寄せた土木業者がいいお客さんになった。輸入カメラを袋に詰めて売り歩くうち、沖縄の写真コンテストに応募したら、特選という最高賞。写真に取りつかれる原点になった」

―山田さんの写真には、基地がほとんど見当たりません。

「本土復帰前後、さまざまなメディアのカメラマンが沖縄を訪れた。『外国』だった沖縄で、僕は彼らの身元引受人になることが多く撮影にも同行したが、狙いのほとんどは米軍基地。東京や大阪

＊垣花のガジャンビラ　那覇市の垣花と小禄を分ける坂道。1908年ごろ、那覇と糸満を結ぶ県道（現国道331号）がこの地を貫いて開設され、以後交通の要所となった。戦後、基地建設などで大きく変容した。

に出張した時も、沖縄を撮った写真は基地やデモばかりで、これじゃあ、本当の沖縄は伝わらないと思った。基地とは関係なく、たくましく生きる普通の人たちの日常を撮ろうと決意した」

——土門拳*さんや濱谷浩さんら、日本を代表する写真家にも影響を受けました。

靴磨きの少年＝1956年、那覇市・国際通り（山田實さん撮影）

「下層階級の子どもを捉えた土門先生の作品は衝撃だった。きれいなモデル撮影が流行していた当時、貧しい子に目を向ける姿勢は異彩を放っていた。これだと思って、僕も本腰を入れて子どもを撮り始めた。濱谷先生には『変わっていく沖縄をしっかり記録しなさい』と繰り返し言われ、僕はその教えを忠実に守り、県内各地を飛び回った。60年をかけて、今ではどんなに望んでも、永久に撮れない沖縄の姿を残してこられたと思う」

―山田さんにとって、子どもたちはどんな存在ですか。

「希望。沖縄の人たちは戦争で身も心もこてんぱんにやられたでしょ。これからの沖縄を立て直すのはこの子たちだと思いながら写真を撮ってきた。特に心に残っているのが、海邦国体**の開会式。パレードする子どもたちを見ていたら、涙が次から次にあふれてくる。沖縄はあの荒土から立ち上がり、子どもたちはこんなに元気。なんで号泣しているのかと隣の人は不思議だったかもしれないけれど。僕の中で、子どもを撮り続ける使命感から解かれる一つの区切りになった」

＊土門拳　1909～90年。戦前・戦後を通して活躍した写真家。モダニズム写真の担い手として、木村伊兵衛らとともに活躍した。「古寺巡礼」「筑豊のこどもたち」などの作品で知られる。

＊＊海邦国体　1987年9月20～23日に夏季大会、10月25～30日に秋季大会が開かれた。来県に意欲を見せていたと言われる昭和天皇は病のためかなわず、皇太子夫妻（当時）が名代に。沖縄が最後の国体開催都道府県だった。ソフトボール会場では日の丸焼き捨て事件も起こった。

—戦争体験者として、若者たちに伝えたいことは。

「沖縄戦では日本軍が住民を壕から追い出したり、虐殺したりした。日本兵だった一人として、その事実に打ちのめされた。平和にあぐらをかいていたら、いつの間にか戦争が忍び寄っていることもある。だから常に政治や世の中の動きにアンテナを張って、あんな時代には二度と戻ってはいけないという気持ちを持ち続けてほしい」

—県内では現役最高齢の写真家です。

「行動範囲は限られてきたが、体が許す限り頑張りたい。まだまだ撮り足りない気がしてならないから」

（聞き手＝社会部・新垣綾子）

掲載後の追加略歴

2017年5月27日、死去

ウルトラマンに願い込め

上原正三さん（79）

脚本家

うえはら・しょうぞう　1937年2月6日、那覇市久米生まれ。中央大学卒。64年、「収骨」が芸術祭テレビ脚本部門で佳作入選。66年、「ウルトラQ」でプロデビュー。円谷プロを経て69年にフリーとなり、「帰ってきたウルトラマン」「がんばれ!! ロボコン」「秘密戦隊ゴレンジャー」「宇宙刑事ギャバン」など多くの子ども番組でメインライターを務める。著書に「金城哲夫　ウルトラマン島唄」「上原正三シナリオ選集」。

2016年3月13日掲載

沖縄出身の脚本家、故金城哲夫《きんじょうてつお》さんが「ウルトラマン」を誕生させてからちょうど50年。特撮の円谷《つぶらや》プロで1歳下の金城さんと苦楽を共にした後フリーになり、シリーズ3作目「帰ってきたウルトラマン」を手掛けた。

2人のウルトラマンは対照的だ。金城さんが近未来のファンタジーとして描いたのに対し、「帰ってきた―」は放送時の、1971年の東京が舞台。スモッグの空や工場地帯、ヘドロの海が戦いの場になり、時に怪獣よりも恐ろしい人間の心の闇もテーマになった。

「一点の曇りもない金城のウルトラマンのコピーではなく、リアリティーのある舞台で未熟なヒーローが成長する物語を目指した」

米軍占領下の55年、脚本家を志して18歳で上京した。差別から逃れるため、本土では出自を隠すウチナーンチュが少なくなかった時代に、書く脚本は沖縄ばかり。「琉球人の俺が伝える」との信念一筋だった。

27歳、沖縄戦の不条理さを描いた「収骨《しゅうこつ》」が64年度芸術祭のテレビ脚本部門で佳作入選した。だが映像化を頼もうと訪ねた円谷プロで、こう告げられる。

「沖縄はタブーだ。テレビでは絶対にできない」。代わりに勧められて書いた特撮番組「ウルトラQ」の脚本が採用され、66年にプロデビューを果たした。

71年、基地が維持されたまま翌年に迫る「復帰」に怒りを募らせていた。「日米のダブル支配になるだけだ。このままでは、沖縄はずっと翻弄《ほんろう》される」。手掛けていた「帰ってきた―」の中で日本人の差別、沖縄、マイノリティーの問題を問おうと決意した。

第33話「怪獣使いと少年」はアイヌの少年を守るため、在日コリアンに化けて地球で暮らす宇宙人を群衆が迫害する物語。1923年の関東大震災で起きた朝鮮人虐殺事件がモチーフだ。「日本語の発音が変というだけで殺された人もいる。琉球人の自分も、そこにいたらやられていた」

放送から45年。ウルトラマンが告発した、日本の少数者に対する差別はますます強まったように見える。

2013年の東京で、オスプレイの配備撤回を訴えた沖縄の首長は「売国奴《ばいこくど》」「ドブネズミ」との暴言を浴びせられた。むき出しの憎悪の矛先は今、福島の被災者にも向かっている。

「付和雷同した群衆ほど恐ろしいものはない。自分の目で物事を見てどう生きるかを考え、自分の足で立つ子に育ってほしい」。そう願い、東京で子ども番組を作り続けて50年がたつ。

現在、しまくとぅばを話すキャラクター番組を沖縄で作ろうと、企画を進めている。「言葉を失うと、アイデンティティーも喪失する」との考えからだ。

「ウチナーグチを、楽しみながら学べる番組にしたい。その種をまいて死にたい」。将来、沖縄の子どもたちが時代に翻弄されず、自分の足で立つ姿を思い描いている。

（運動部・磯野直）

―那覇市久米《くめ》で生まれ育った。

「父敬和《けいわ》は警察官で、僕は5人きょうだいの3番目。久茂地川《くもじがわ》が今よりも広くてきれいで、よくガサミを捕って遊んだ」

―戦争体験は。

「1944年9月、父を残して家族6人で台湾に疎開した。1カ月後、一度沖縄に戻ろうと、10月10日に那覇へ着く予定の船に乗った。途中、急に台風が来て西表に避難している間、那覇が大空襲で壊滅した。僕らの船は行き場を失い、約2週間、海を漂流した」

―死を覚悟したか。

「寝る時は家族6人、手首をひもで縛った。母は『離れ離れにならないように』としか言わないけど、7歳の僕でも死を覚悟した。希望のない顔をした大人ばかりだからね。でも奇跡的に鹿児島に着き、熊本の円萬寺《えんまんじ》という寺で終戦まで疎開した」

「2週間の漂流中、ケチャップだけをなめていた。だから、79歳の今もケチャップが食べられない」

―沖縄に残ったお父さんは地上戦を体験した。

「糸満署長として住民を引き連れ、南部を逃げ回っていたらしい。住民と一緒に亀甲墓《かめこうばか》に隠れていて、日本軍に追い出されたこともあったという。どこをどう逃げたか全く分からず、摩文仁で死にかけているところ、捕虜になった。戦後、体験を一切語らなかったよ。左耳は全く聞こえなくなっていた。でも、僕ら家族は熊本で『勝った』としか言わない大本営発表をうのみにしているから、父たちが悲惨な戦場を逃げ回っているなんて、思いもしなかった」

――46年、米軍占領下の沖縄に帰郷する。

「戦後、父は石川署長になっていて、石川市で過ごした後、百名小《ひゃくなしょう》の3年生になった。警官の子なのに米軍基地に潜り込み、戦果アギヤー*を繰り返していたよ」

――映画との出合いは。

「那覇高時代、朝から晩まで映画を見ていた。ヌギバイ（ただ見）でね。『シェーン』に感動し、高校生なのに早撃ちごっこするディキランヌー（劣等生）は観客では飽き足らなくなり、自分で作りたくなった。同級生に『ヤマトゥグチも分からんのに、シナリオ書けるのか』とからかわれたけど卒業後、意気揚々と東京に向かった」

――55年当時、本土での沖縄差別は露骨だった。

「高1の時、東京で暮らす親戚が『九州出身』にしていると知った。しかも本籍まで東京に移し

＊戦果アギヤー　米軍の物資を「戦果」と呼び、それを挙げる者（アギヤー）のこと。大本営が「戦果」を強調し国民の戦意高揚を図ったこと、沖縄戦で、日本の敗残兵が米軍の食糧を奪っては「戦果」と称したことが、この言葉の背景にあるとも言われている。

てさ。これは突き詰める必要があると。『俺は琉球人だ』との気概で東京に乗り込むと、親戚は歓迎してくれない。キャンディーやチョコ、紅茶など、米軍基地でしか手に入らない土産物を嫌がったな。その後、僕も部屋を貸してもらえない。これが『琉球人お断り』かと知った」

—それでも、ひるまなかった。

「『ウチナーンチュを標榜《ひょうぼう》して、ヤマトゥで生きる』が僕のテーマ。沖縄を差別するヤマトゥンチュとはどんな人種なのか、俺の目で見てやる。そんな青臭い正義感を抱いて、60年がたつ」

—東京で浪人後、中央大学に入った。

「でも授業には出ず、映研か映画館通いの毎日。アマチュア時代、沖縄戦や基地以外のテーマで脚本を書いたことはない。俺が伝えなきゃ誰がやるってね」

—1歳下の故金城哲夫《＊きんじょうてつお》さんとの出会いは。

「卒業後、東京で同人誌用の脚本を書いていたが肺結核になり、25歳で帰沖した。療養中、母の友だちに『あなたみたいな映画好きがいる』と教えられ、会いに行ったらそれが金城。ちょうど映画『吉屋《＊＊よしや》チルー物語』を編集していた」

—どんな印象の人だったか。

「俺が沖縄の現実を映画で告発しようと考えている時、金城が作ったのは遊女の悲恋物語。俺が琉球人として生きる決意をした時、あいつは玉川学園で『金星人と握手する会』をつくって活動し

上原さんの〝収骨〟

テレビ脚本に佳作入選

同十九回芸術祭

【東京八日＝共同】文部省は八日、本年度の第十九回芸術祭のため募集したラジオドラマ、テレビドラマ脚本の入選作を発表した。応募総数はラジオ百九十二編、テレビ四百八十七編で、昨年より

上原正三さん

会社員、上原正三(27)「えんびつのうた」広島県福山市野上町一三四五、新聞記者、山本哲郎(31)。

なお上原さんは、那覇高校を経て六〇年に中央大学文学部を卒業、自宅でシナリオを研究しながら、現在テレビドラマの郷土劇場などを書いている。

上原さんは「四日前に候補にあがっているという通知を受けたが、あまり期待してなかっただけにとてもうれしい。この作品は執筆してから一週間くらいで書き上げたもので、締め切り日（八月十五日）の午前中までかかった」と語った。

上原正三さんの脚本「収骨」が芸術祭で佳作入選したことを伝える紙面（1964年10月9日付沖縄タイムス朝刊）

ていた。発想のスケールが大きすぎるんだよ」

―その後、金城さんは特撮の円谷プロに入る。

「63年、金城の誘いで東京に行き、特撮の神様・円谷英二《つぶらやえいじ》さんや長男の一《はじめ》さんに会わせてくれた。一さんは『プロの脚本家になりたいなら、まずは賞を取れ』とアドバイスをくれた」

「それで沖縄に戻り、沖縄戦をテーマに『収骨《しゅうこつ》』を書いた。国の64年度芸術祭のテレビ脚本部門で佳作入選したんだ。鼻高々で円谷プロを訪ねたよ。ちょうど特撮テレビドラマ『ウルトラQ』の制作中だった」

―当時、TBSのエース監督だった円谷一氏は「収骨」をどう評価したのか。

＊金城哲夫　1938～76年。「ウルトラマン」シリーズの脚本家。南風原町出身。沖縄芝居の脚本、テレビ・ラジオの司会、沖縄国際海洋博覧会セレモニーの企画・演出などでも活躍。

＊＊吉屋チルー物語　→251頁

「快獣ブースカ」を撮影中の上原正三さん（左）と故金城哲夫さん（右）＝1967年ごろ（上原さん提供）

「受賞は喜んでくれたけど『沖縄はタブーだ。政治なんだよ。テレビでは絶対にできないぞ』って…。ＴＢＳのドラマは他局より秀でていたが、反戦の名作『私は貝になりたい』などは右翼から攻撃されてね。テレビ局は、政治的なテーマにピリピリしていた。代わりに、一さんは僕に『ウルトラＱ』のシナリオを書けと勧めた」

「で、書いたのがヘドロの怪獣が石油タンクを吸って巨大化する話で、一さんのオーケーは出た。沖縄は無理でも、公害を告発できると喜んだよ。でも石油会社にロケを断られてね。急きょ『宇宙指令Ｍ７７４』という話を書き、試写室のスクリーンいっぱいに映像が流れたら感激した。これがプロデビュー作」

―金城さんの誘いで円谷プロの社員になる。

「金城が企画文芸室長で僕が副室長。66年1月から始まった『ウルトラQ』がヒットし、さらに66年7月に放送開始の『ウルトラマン』で円谷プロは隆盛期を迎えた。金城は常にその中心にいてね。67年10月から始まった『ウルトラセブン』も『ウルトラマン』ほどではないが視聴率は取れていた。金城の書く作品は本当に素晴らしかったよ。特にメインライターを務めた『ウルトラQ』『ウルトラマン』、そして『ウルトラセブン』の最終回『史上最大の侵略』は[illegible]真骨頂だ」

―しかし、怪獣ブームは去ってしまう。

「68年4月に円谷プロ初の1時間番組『マイティジャック』が始まったが視聴率が悪く、赤字を累積させた。それで円谷プロは金城を降格させた。あれだけの功労者を会社は切ったんだ。金城は見るからに意欲を失ってしまった。絶望し69年、妻裕子さんと3人の子を連れて沖縄に帰ってしまった」

「会社は僕には残れと言ったが『金城のいない円谷に魅力はない』と言って辞め、フリーになった。結婚直前だったけど、もし思いとどまっていたら今の僕はない。退社は69年2月。なのに妻の光代と5月に結婚し、失業保険で6カ月間暮らした。映画『グレン・ミラー物語』をなぞらえ、お金がなくても幸せになれるんだと妻に言い続けて47年が過ぎたよ」

―71年4月に放送開始の「帰ってきたウルトラマン」では、メインライターを務めた。

「70年1月、円谷英二さんが亡くなった。長男の一さんがTBSを辞めて円谷の社長になり、『新しいウルトラマンで、おやじの弔いをやる』と。すでに金城は沖縄に帰っていたから、フリーの僕にお鉢が回ってきた。さらに円谷プロは第1、2話の監督に54年の映画『ゴジラ』の本多猪四郎《ほんだいしろう》さんを連れてきた。巨匠だよ。まさに円谷プロの決意の表れ、おやじさんの弔いへの熱意の表れだね。でも、俺は何を書けばいいのかとびびってしまった」

―金城さんのウルトラマンとは。

「無風快晴。一点の曇りもない。彼のウルトラマンは伸びやかさがみなぎるんだ。物事をまっすぐに見つめ、マイノリティーの視点を持ちながらも抑制を効かせ、ファンタジーに収めていた。50年前の作品なのに、今も魅力が全然失われない。どのヒーローも、いまだに初代ウルトラマンを超えられない」

「初代ウルトラマンの第30話『まぼろしの雪山』で山奥に暮らす怪獣ウーを攻撃する科学特捜隊を、少女が猛烈に批判する。金城にもそういう反戦的な部分、圧倒的な力で制圧することへの反発はあったと思う。僕も金城もウチナーンチュだから、無意識の部分でもマイノリティーの視点を持っているが、彼は明るい男。意識的にそういうテーマを表に出さず、抑制を効かせていた。『ウルトラセブン』の第42話『ノンマルトの使者』に沖縄を投影させたという説があるけど、金城はそんなに意識していなかったと僕は思う。ファンタジーの中でしっかりと収めるのが、金城のウルトラマン作品のすごさだ」

――それでは、上原さんのウルトラマンは。

「金城のコピーでは、やる意味がない。『帰ってきたウルトラマン』は仰ぎ見る主人公ではなく、町工場で働く親近感のある兄ちゃんが困難にぶつかって成長していく物語にした。初代ウルトラマンと変身するハヤタは一心同体だけど、意思はどちらにあるのかはぼんやりした設定になっている。それで僕のウルトラマンは、変身する郷秀樹《ごうひでき》の意思を持つ設定にした。郷が悩めばウルトラマンも迷うといった具合に」

「また近未来ではなく、公害が深刻だった70年代の東京を舞台に、リアリティーの追求に腐心した。例えば怪獣がビルを壊すと、僕は人々ががれきの下敷きになる場面を作る。これは金城にはない発想。でも僕はやる」

「だから『帰ってきた―』は僕をはじめ、いろいろなライターがやりたい放題に書いているよね。初代ウルトラマンのような透明感はなく、斜《はす》に見た感じの物語が主流になっていった」

――「帰ってきた―」の第11話「毒ガス怪獣出現」は、金城さんの脚本だ。

「金城がたまたま東京に出てきた時、一さんが書かせた。当時、大問題になっていた知花弾薬庫《*ちばなだんやくこ》の毒ガス貯蔵をテーマにしたけど、あまりにもストレートな告発で、金城の真骨頂である伸びやかさ

＊知花弾薬庫の毒ガス貯蔵　↓243頁（毒ガス移送）

がない。自分を曲げて書いたのだろう。結局、それが金城のウルトラシリーズ最後の脚本になった。つらかっただろうな。一点の曇りもない、『帰ってきた―』を書いてほしかった」

――「帰ってきた―」放送当時の71年、沖縄は「日本復帰」直前だった。

「ある日、現場で『沖縄の復帰おめでとう』と言われた。何がめでたいんだ。沖縄があれだけ求めた基地の撤去要求は無視されてさ。『復帰』は、米国の一元支配から日米のダブル支配になるだけだと考えていた」

「このままだと、沖縄は翻弄《ほんろう》され続ける。一さんの『沖縄はタブーだ』がずっと胸に引っかかっていて、いつか差別、マイノリティーを真正面から問おうと考えていた。番組も3クール目に入り、安定期に入っていた。やるなら今だと…」

――それで、第33話「怪獣使いと少年」ができた。

「登場人物の少年は北海道江差《えさし》出身のアイヌで、メイツ星人が化けた地球人は在日コリアンに多い姓『金山』を名乗らせた。1923年の関東大震災で、『朝鮮人が井戸に毒を投げ込んだ』『暴動を起こした』などのデマが瞬く間に広がった。市井の善人がうのみにし、軍や警察と一緒になって多くの朝鮮人を虐殺したんだ。『発音がおかしい』『言葉遣いが変』との理由で殺された人もいる。琉球人の俺も、いたらやられていた。人ごとではない」

――今見ても生々しく、よく放送できたなと思う。

「僕が何を書こうとしているのか、ＴＢＳの橋本洋二《はしもとようじ》プロデューサーは当初から知っていたよ。だって最初にプロットを見せるから。プロデューサーの権限は絶対だけど、だめと言われたら企画は通らない。でも、『書け』と言ってくれたんだ」

「あの回の監督は東條昭平《とうじょうしょうへい》が務めたんだけど、彼が僕の意をくんで、演出をどんどん強めていくんだ。例えば、『日本人は美しい花を作る手を持ちながら、いったんその手に刃を握ると、どんな残虐極まりない行為をすることか…』という隊長のセリフは僕の脚本にはなく、東條が付け加えた。そういう意味では、30歳前後の若者同士が血気盛んに作ったんだね」

―すんなり放送できたのか。

「試写会で、ＴＢＳが『放送できない』と騒いだ。橋本さんが『上原の思いが込められた作品だから放送させてくれ。罰として、上原と東條を番組から追放する』と説き伏せて放送させた。でも当初、友好的なメイツ星人は群衆に竹槍で突き殺されていた。これも僕のシナリオではなく、東條が演出で変えた部分。さすがにこのシーンは生々しすぎて、子ども番組の範疇《はんちゅう》を超えると…。撮り直して警察官の拳銃に変わり、オンエアされた。それで僕はメインライターを辞めさせられたけど、橋本さんには感謝しかない。最終回の『ウルトラ５つの誓い』はお情けで書かせてもらった」

―放送から45年がたつ。

「ヘイトスピーチなど、日本は45年前よりひどい状況だ。付和雷同した群衆ほど恐ろしいものはない。だから、自分の目で物事を見てどう生きるかを考え、自分の足で立つ子に育ってほしいと願い、子ども番組を作り続けてきた」

――子ども番組ではなく、大人のドラマを書こうとは思わなかったのか。

「子ども番組より、大人向けの方が上位という考え方自体が差別だ。ある時、脚本家の市川森一《いちかわしんいち》が『子ども番組を卒業し、東芝日曜劇場を書かないか』と誘ってきた。なら大人向けのドラマで、沖縄戦を描いた僕の『収骨』ができるのか。絶対にできないわけだよ。それよりも、まばたきもせずに番組を見てくれる子どもたちのために頑張ろうと決めた。テレビは社会問題をストレートに描くのは嫌がるけれど、怪獣を使って描いたりすれば、当時は結構いろいろなことができたんだよ」

「大人がやりがちな上から目線ではなく、子どものように下からの目線で社会を見ることを心掛けている。『帰ってきた――』にエビフライのような形状で手足がなく、顔が地面をはって進むツインテールという怪獣が登場する。僕はこの怪獣が好きでね。ツインテールの目線を忘れずにいたい」

――沖縄と日本の関係について、どう考えるか。

「独立も含めて一度関係をリセットし、どうするかを真剣に考える時期が来ている。薩摩侵攻*で、琉球王国を占拠した400年前の強引さが今も続く。民意を顧みず、基地を押し付ける政府の態度は沖縄を植民地としてしか見ていない証拠だ。これが差別なんだ」

「薩摩への忠誠を拒否し続け、処刑された謝名親方《じゃなうぇーかた》が僕の先祖。18歳の時、琉球人の誇りを持って東京に来てから60年、僕の心の中にはいつも謝名がいる」

―残りの人生で、手掛けたい仕事は。

「金城が沖縄に戻る時、『一緒に帰ろう。企画会社を立ち上げ、沖縄発の作品を作ろう』と僕を誘った。僕はまだぺーぺーで断ってしまい、彼は37歳で亡くなった。金城がやろうとしたことを今、仕掛けようとしている。しまくとぅばを話すキャラクター番組を、世界中に配信できる沖縄発のヒーローを企画中だ」

「言葉を奪われた民族はアイデンティティーを失い、従順になりやすい。侵略者の常套手段だ。だから沖縄の子が番組を楽しみながら、ウチナーグチの勉強ができればいい。それが僕にとっての琉球独立。400年前に奪われたアイデンティティーや言葉を50年、100年単位で取り戻していかないと。その種まきをして、タンメー（おじいさん）は死にたい」

―金城さんとの約束を果たすということか。

「それでは話が美しすぎる。このキャラクターで、金城の初代ウルトラマンを絶対に超えてみせる。

＊薩摩侵攻　琉球は、1609年（慶長14）薩摩藩の島津氏に侵略されて以後、1879年（明治12）の廃藩置県（琉球処分）まで実質的に薩摩の支配下に置かれた。琉球王国は奄美諸島を失い、高額の税を支払う義務を背負い、内政に対する干渉を受けるなどした。

今は日本もハリウッドも後ろ向きでコピーばかり。作家の気概がなさすぎるんだ」

（聞き手＝運動部・磯野直）

掲載後の追加略歴

２０１７年、現代書館より「キジムナーｋｉｄｓ」を出版

２０２０年１月２日、死去

戦後の演劇 人つなぐ

吉田妙子さん（80）

沖縄芝居役者

よしだ・たえこ 1935年6月13日、旧具志川市で誕生。50年に劇団「あさひ座」で初舞台を踏み、その後は「ときわ座」や「珊瑚座」にも在籍。58年ごろからはテレビにも出演。99年、県指定無形文化財「琉球歌劇」保持者に認定される。琉球歌劇保存会の副会長なども務めている。2006年、沖縄タイムス芸術選賞（演劇・俳優）大賞受賞。弟の1人は県議の吉田勝廣氏。

2016年4月11日掲載

沖縄を代表する舞台俳優の威厳を感じさせない穏やかな口調。白い歯をのぞかせ、いたずらっ子のように「ウフフ」と無邪気に笑う姿からは、80歳を超えたとは思えないあどけなさが伝わってくる。歩んできた演劇の道は平たんではなかったが、演劇への情熱で前に進んできたという。

「やりたいことは山積みですよ」。村芝居、舞台、琉球歌劇、テレビ…。活躍の場を次々と広げても、演技への貪欲さは尽きない。子供の頃から根っからの芝居好き。終戦間もない時期、トラックに乗って新しくできた劇団の舞台に連日通った。15歳で「あさひ座」に入団。巡業で県内を飛び回った。

テレビもない当時、演劇は数少ない娯楽として、多くの人の心のよりどころ。癒やしの場だった。「お客さんが喜んでくれたら、やりがいを感じてまたやりたくなる」。観客の笑顔が、何よりも俳優を続ける活力だった。その気持ちは今も変わらない。

沖縄戦という悲惨な爪痕が生々しく残る中、生き別れた肉親や友人が再会を遂げる場にもなった。「私のおばさんも、連絡が取れない時に芝居を見に来てくれて再会したことがあった。死んだと思った人に会えた」と振り返る。

村芝居で身に付けた大声と歌唱力を武器に憧れの劇団に入ったが、すぐに主役を演じられたわけではない。いつでも代役を果たせるようにと、舞台の袖に立ち先輩の演技を見つめてセリフを覚えた。好きだからこそ、人一倍の努力を惜しまなかった。

役者人生は挑戦の連続。１９８４年に一人芝居の「道」を演じた際には、脚本を書いた弟の名護宏英さんに反対されたが、「買ってでもやりたい」と説得。道路整備に伴う立ち退きに抵抗する老婦人の役を演じきり、高い評価を得た。

舞台上で太ももをあらわにベッドシーンを演じる「嘉間良心中」では、米軍の兵士を基地から呼んだ。演技の多彩さから、いつしか「１人でウチナー女の何もかもを併せ持つ」と称されるようになった。

活躍の場はテレビにも広げた。沖縄のヒーロー「琉神《りゅうじん》マブヤー」では「おばあ」の役を演じる。「若い人は、私と違って発想が柔らかくて勉強になるから」。なかなか行けないが、小さい劇場に足を運び若手の舞台も見るように心がけている。

若い人の演技に刺激を受ける一方、伝えたいこともある。ウチナーグチの伝承だ。「ウチナーグチはウチナーンチュの根源。なくなるのは、沖縄がなくなるように感じる」。社会が混迷している時代で、進むべき道を指し示す羅針盤のようにも考えている。「若い人が受け継いだら、手放さないで残してほしい」

（松崎敏朗）

—吉田さんの生い立ちを教えてください。

「旧具志川市《ぐしかわ》（現うるま市）の平良川《たいらがわ》で生まれました。小学5年生の時、母の親戚が住んでいた那覇の泊《とまり》に移り住み、戦争が始まる前には学童疎開がありました。私も疎開する予定だった。子どもだったから『ヤマトに行きたい』と言っていた。でも、潜水艦に沈められた船もあって両親が反対。乗船する予定だった＊対馬丸《つしままる》に乗らなかった」

「その後、対馬丸が沈められてしまったので、親の言うことを聞いて良かった。米軍の上陸が近づき、田舎に避難しようと平良川に避難した。＊＊10月10日の空襲があった時には、弟と一緒に畑で飛行機を見ていた。『鳥かな』と思うぐらいに飛んでいたのを覚えている。真っ黒な煙がたくさん上がった。沈没にも遭わず、空襲にも遭わなかった」

—沖縄戦で記憶していることは。

「壕の中に1カ月ぐらいこもっていた。中にいても『ボンッ、スルスルスル』と空気が震えるような音の後、『ババーンッ』と聞こえてくる。大砲の弾が発射され、頭上を通っているのが分かった。壕から出た後に分かったのだが、弾が山岩に当たって砕けていた。耳をふさぎながら、何回も聞いた。海には船がたくさん浮いていて島のようになっていた」

—その後、見つかって捕虜になったのでしょうか。

「1945年4月1日に米軍が（沖縄本島に）上陸し、翌2日に捕まった。『殺される』と思ったのを覚えている。父は英語で意思疎通ができたためか、米軍に連れていかれ、壕に残っている人たちを『戦争が終わったから出ておいで』と説得した。村会議員をしたこともあると聞いている。顔が利いたらしい。父親は1カ月ぐらい米軍と各地を回り、帰った際には食べ物を持ってきてくれた。ひもじい思いはしなかったけど、戦争は悲惨。振り返って、あらためて分かることもある」

―役者を志したきっかけは。

「中学2年の時に松竹梅劇団***ができた。民政府から給料をもらうので、ムンチン（入場料）は取らない。だから、しょっちゅう見に行って、セリフなども覚えた。『浜千鳥《はまちどり》』も劇を見て覚えた。そんな中、現代劇などを演じる『あさひ座』の試験を受けた。当時は、テントで囲んで上演していたから、声が遠くまで聞こえないといけない。村芝居****の経験があって合格した。小さい村から来て

＊対馬丸　→121頁

＊＊10月10日の空襲　→85頁（10・10空襲）

＊＊＊松竹梅劇団　1946年4月、沖縄民政府により設立された「松」（島袋光裕座長）「竹」（平良良勝座長）「梅」（伊良波尹吉座長）の官営3劇団。

＊＊＊＊村芝居　豊年踊り。村落の御嶽（うたき）などの神々に五穀豊穣を感謝し、豊年を祈願する行事の際に、遊び庭（あしびなー）・アシャギ庭・殿（とぅん）などと呼ばれる神前の広場で演じられる奉納舞踊。八月遊び・八月踊り・村遊びなどともいわれる。

いるから、芸名は『こまちたえこ』」

―親からの反対はなかったのでしょうか。

「村芝居は褒めてくれたけど、母は反対でした。私が女の子だったから、不安だったのだと思う。それに、あの時代は女形がいたので、女性の役者は数えられるぐらいしかいなかった。子どものころ、学校の先生や看護師になりたい、と言っていたので、母にしてみれば、高校・大学を出したかったのだと思う」

1969年ごろの吉田さん（本人提供）

―どんなお母さんだったのでしょうか。

「心臓病があり、戦時中は壕の中でも寝ていた。ただ、にぎり飯を作って壕の中にいる近所の人にも配っていた。捕虜になった後、『あれ、うちのお母さん、歩いている』と気づいた。収容所で回復し、それからはずっと元気だった。戦後、土地がなかったので、ガジュマルの木の上にテントを張って暮らしたこともある。入団した劇団が自宅近くで公演を行うと、天ぷらを差し入れに持ってきてくれた。劇団員のみんなと友達みたいに接していた。米軍の服を那覇の市場で売り、そのお金でワンピースなどを仕入れ、米軍兵士の奥さんたちに販売して、生計を立てていた」

――劇団では、どんな生活だったのでしょう。

「楽屋の中を衣装箱で仕切って部屋にしていた。プライベートの時間をつくるなら、どこか外に行く。若い役者夫婦には子どもも生まれ、家族みたいだった。次の日に歌う唄を前日の夜に渡されることもあった。だから『よく聴きなさい』と言われた。目で見て聴いて慣れなさい、と。やりたい役があったら、脚本がないので、先輩が演じるのをずっと見ていた。先輩が休んだら、代役をやるため。代役をできるようになって、初めてその役を演じられた」

「失敗もあった。私が切られ役の時に、男の役なのに『ハァァーッ』と高い声を出して倒れた。後で、怒られた。当時は、切られ役でも、長く舞台に立っていたい。切られても『あぁぁぁー』と声を上げ、なかなか倒れない先輩もいました」

――戦争が終わって間もない時期。お客さんは芝居に何を求めていたのでしょうか。

「戦争に打ちひしがれた上、映画もなく娯楽がなかった。村芝居や巡業芝居は、お客さん同士が、死んだと思っていた親戚や友人に会うこともあった。再会の場でもあった」

――今の劇団との違いは。

「私のころは、午後2時からその日の晩の稽古をする。口で1回しか伝えられない。だから、聞き逃したらおしまい。ペンと紙を持って聞きに行っても、教えてくれない人がいた。先輩たちにも自分たちから近づいていったが、今は来ることがない。なんでかね。別の仕事をしていたり、売れっ

舞台「道」で一人芝居を演じる吉田妙子さん＝1984年（本人提供）

子は稽古の次に別の稽古があったりするからかな。脚本もさっと読んで覚えられ、今の役者はすごいと思う」

「私は聴いて芝居をしていたから、ハンディがあった。台本を読むときも、漢字が分からないことがあった。脚本でも本でも何回と読んだ。今は、読みながら考えるようになっている。芝居は十四、五歳から続けているが、やめたいと思ったことは一度もない。休みたくないし、どんなことがあってもやりたい」

―これまで、さまざまな役に挑戦してきましたが、原動力は。

「『何か新しいことをやりたいな』と思っている時に、一人芝居の『道』を演じる機会に恵まれた。弟が作ったもので、本来は5人で演じる作品。台本がウチナーグチで頭の中にすんなりと入った。『一人芝居をさせてちょうだい』と頼んだら『もったいない』と言われた。それでも『買ってでもやりたい』とお願いし、1時間5分の一人芝居の作品にしてもらった。上演した劇場の『ジァンジァン*』は、お客さんとの距離が近く、より真剣になる。そこで演技を磨いた」

***ジァン・ジァン（沖縄ジァン・ジァン）** 沖縄文化の掘り起こしのために、渋谷ジァン・ジァンの経営者高島進氏によって、1980年、那覇市国際大通りに面した〈なみさとビル〉地下一階に設立された小劇場。1993年11月20日閉館。

愛や情けの象徴である手布を手に「渡地物語」のチル小を演じる吉田さん（左）＝2011年7月、浦添市・国立劇場おきなわ

「その後も、『もっとなにかやらないといけない』と思うようになり、『嘉間良心中』の舞台に立ち、ベッドシーンも演じた」

―いろいろな役にチャレンジしてきたのは、どうしてなのでしょうか。

「演じ終わった時に、お客さんが喜んでくれる。『とても熱が入っているねーっ』と。戦争が終わって間もない時期は、打ちひしがれて娯楽がない。映画もなくて芝居しか楽しめない。癒やしの場ですよ。お客さんが喜んでくれたら、またやりたくなる。流れ芝居をしてはいけない。一生懸命演じて、お客さんが喜んでくれたらやりがいも出てくるし活力にもなる」

―琉神マブヤー*のように、若い人と一緒に活動することもあるが。

「私たちが考えないことを思いつくのが面白

い。私たちの頭は固いので、柔らかい発想が楽しい。こっちのアドバイスも受け入れる。最近はなかなか行けないけど、若い人の舞台も見るため、小さい劇場にも足を運んでいる」

―演劇に意欲的になれるのはどうして。

「お客さんが喜んでくれるから。そのためだったら、意地もない。今でも『やろう』と思ってできていないことが、たくさんある。時間があって旅行などに行くのだったら、本土の芝居を見に行きたい」

―ウチナーグチを残そうと力を入れているのは、なぜなのか。

「ウチナーグチがなくなったら、ウチナーじゃなくなる。沖縄じゃなくなってしまう気がする。昔は那覇市の国際通りでは、ウチナーグチができる人を採用していたけど、今は中国語。多様化はいいことかもしれないが、ウチナーグチは残さないといけない」

「私にはウチナーグチを残すスクブン（職分）があるから、元気でいないといけない。自分のためにしたことは、人のためにもなる。だから、頑張らないといけない。この土地に生まれたから、ウチナー魂を残したい。ずっとずっと残すには、みんなで力を合わせることが必要なはず。芝居と

＊琉神マブヤー　沖縄の平和を守るためニライカナイ（理想郷）からやってきた魂の戦士でご当地ヒーローの「琉神マブヤー」が、悪の軍団「マジムン」に立ち向かうテレビの特撮番組。

一緒で、役者だけ頑張っても、見てくれるお客さんがいないと意味がない。魂をつないでくれる若者が多くなり、手綱を引っ張ってもらい、受け継いでいってほしい」

（聞き手＝松崎敏朗）

戦の証言に自ら重ね

目取真俊さん（55）

小説家

めどるま・しゅん　1960年10月6日、今帰仁村生まれ。琉球大学法文学部文学科卒業。高校生の頃から詩や短歌を書き始める。86年「平和通りと名付けられた街を歩いて」で新沖縄文学賞、97年「水滴」で芥川賞、九州芸術祭文学賞、2000年「魂（まぶい）込（ぐ）め（み）」で木山捷平賞、川端康成賞を受賞。ほかに「風音」「群蝶の木」「沖縄／草の声・根の意志」「虹の鳥」「沖縄『戦後』ゼロ年」「眼の奥の森」などの著書がある。

2016年5月8日掲載

森の匂い、海水面の揺らめき、壕の中に漂う空気、内臓に響く着弾音―。子どものころから聞いてきた祖父母や両親の沖縄戦の記憶に、戦後生まれの自分の感覚を重ね合わせ、小説を書く。「戦争とはどういうものなのか」「自分がそこに居たらどんな心理状態なのか」。想像し、書くことで沖縄戦を追体験する。

「父は実際に戦場で銃を手にした最年少の世代。体験を聞いた者がそれを伝えていかなければ」という思いが、小説で沖縄戦を描いてきたゆえんだ。

父は14歳で鉄血勤皇隊《てっけつきんのうたい》となり、本島北部の森で弾が飛び交う中を走り回った。5年前に亡くなるまで、家族に体験を語り続けた。

1997年に芥川賞を受賞した「水滴」は、沖縄戦の戦闘でけがをした仲間をやむを得ず壕の中に置いて逃げた男性を描く。戦後50年の月日がたった時、戦の記憶がよみがえる体験者の思いを表現した。地表に落ちた雨がゆっくり浸透し、ある日、地下の鍾乳洞に一滴の水滴が落ちるように。

軍事基地のない今帰仁《なきじん》村で生まれ育った。日常的に戦争体験を耳にしてはいたが、当初から身近なものと感じていたわけではない。沖縄戦や米軍基地を肌感覚で捉えるようになったのは琉球大に進学してからだ。

金武町の県道104号越え実弾演習阻止の喜瀬武原闘争《きせんばるとうそう》に参加した時。頭上を弾がシュルシュルと飛び、内臓に響く地鳴りのような着弾音がとどろいた。基地の実態を生々しく感じた。

大学を卒業し高校で教員をしていた1995年、県内で米兵による暴行事件が起きた。しばらくして、ある生徒から、近隣高校でも女子生徒が米兵に暴行され、それを隠したまま退学したことを聞かされた。「先生たちは今度の事件のことで騒いでいるけど、近くでこんなことがあったのは知らないでしょう」と言われ、何も言えなかった。

「被害に遭った人は体験を言葉にできず、苦しみ続ける。証言の向こう側には膨大な沈黙がある」。だからこそ、小説にしかできない記述があると信じる。

現在、カヌーで名護市辺野古《へのこ》の海に出て新基地建設への抗議行動に参加している。米軍キャンプ・シュワブから射撃訓練や廃弾処理の音が響き「戦争中もこんな音だったのか」と想像する。70年以上たってもなお、戦場の音が残る沖縄を「異常だ」と思う。

4月、抗議中にシュワブ周辺の米軍提供水域内に立ち入ったとして拘束、逮捕された。「行動する作家」と呼ばれることもあるが、違和感があるという。「小説家だろうが公務員だろうが、目の前に基地ができようとしていて、それを止めたいと願う時に、肩書なんて関係ないでしょう」

（北部報道部・西江千尋）

―**生い立ちは。**

「今帰仁村生まれで、４人きょうだいの次男です。子どものころは父方の祖父母も一緒に住んでいました。近くに母方の祖母もいて、おばあ２人にかわいがられた子ども時代でした」

―**お父さんは沖縄戦で鉄血勤皇隊*に動員された。**

「父は当時14歳で、本部《もとぶ》半島の八重岳《やえだけ》で戦ったそうです。米軍を攻撃していた時、弾が切れて別の場所に取りに行き、戻ると誰もいなかった。『島袋』と呼ぶ声がするので見ると、上原上等兵という人が地面に伏せていた。その人の後ろに隠れたら、弾が頭の上をぴゅんぴゅん飛び交った。やんだ時に上原さんが頭をもたげるとパンという音がして、ばたっと倒れた。父が後ろからズボンのすそを引っ張って呼んだけど、即死していた。父は近くの岩場に隠れようと走って逃げたそうですが、映画みたいに体の周りを弾が飛んでいた、と話していました」

―**戦争体験はいつごろから聞いていたんですか。**

「子どものころから、両親や祖父母の沖縄戦の話を聞いていました。父は筋萎縮性側索硬化症という病気で亡くなりましたが、病気が進行してベッドで寝たきりになったある日、夜遅くから２時間ぐらいかけて初めてこんな話を聞かせてくれた。仲間と山中を移動している時、ヤギを連れたおじいさんに会った。家族に食べさせるものだから、と頭を下げてお願いしているおじいさんから、無理やりヤギを奪い取った。『もしあの年寄りがヤギを渡さなかったら、自分は間違いなく撃ち殺していた』と。戦場では銃を持つ者が強いわけですよ。沖縄の少年でさえそういうことをやっていた」

―家族の体験をどのように受け止めていましたか。

「父は戦場で銃を手にした最年少の世代だと思います。そういった人たちが亡くなっていく。父も5年前に亡くなりました。肉親の体験を聞いた者が、それを伝えていかないといけない。だから小説で沖縄戦を書いてきました」

―大学進学で今帰仁村を出ます。

「今帰仁は軍事基地がないので、日常生活で米軍と接することはありません。しかし大学入学後間もなく、沖縄自動車道の駐車場に米軍演習の砲弾の破片が落ち、コンクリートをえぐる事故がありました。もしそこに人が居たら即死ですよ。その後、米軍演習に抗議する集会に参加するようになった」

「金武町の県道104号超え実弾演習阻止の喜瀬武原闘争[**]に参加した時、封鎖されている県道

＊鉄血勤皇隊 ↓223頁

＊＊喜瀬武原闘争 生活道路である県道104号線を封鎖し行われるという他県に類を見ない実弾砲撃演習は1973年4月から開始。これに対し着弾地点に潜入するという阻止行動が行われ、74年2月には訓練を一時中止に追い込んだ。以降も中止させせたが、77年4月には潜入した学生らが刑特法違反で逮捕された。一連の運動は後に、集落名から「喜瀬武原闘争」と呼ばれるようになった。

芥川賞受賞の記者会見を終え、ほっとした表情で会場を出る目取真俊さん＝1997年 7月17日、宮古島市平良

104号に座り込んでいると、頭の上をシュルシュルと弾が飛んでいく。着弾すると、ドン、という地響きが内臓に響く。弾の音を聞いて衝撃を受けた。基地の実態を生々しく知りました」

―小説を書き始めたきっかけは。

「子どものころからまんがや本を読むのが好きだった。小学5～6年の頃は推理小説やSF小説に夢中になりました。高校生の時、エミリー・ブロンテの小説『嵐が丘』を読み、衝撃を受けた。そのころから詩や短歌を書くようになりました」

―目取真さんの小説には、沖縄戦を巡る人々の記憶や思いが描かれています。

「学生時代に、戦争を追体験する一つの方法として小説を書き始めた。森の匂いやガマの中の状況、敵の攻撃から逃げる不安はどんなものなのか。自分の体験と重ね合わせ、想像して書きます」

「基になるのは今帰仁の森や川で遊んだ体験。今は名護市辺野古の海でカヌーをこいで新基地建設に抗議しているが、その時に海の匂いや水面の揺らめき、リーフのエメラルドグリーンの色などを感じ取れる。*ヘリパッド建設が計画されている東村高江《ひがしそんたかえ》でも、森の中を歩き『この中で一晩過ごすのはどういうことなのか』と考えます。そういう体験が、小説を書くときの基になります」

「肉親を目の前で殺された苦しみ、痛み、戦場をさまよう不安は体験者にしか分からない。しかし、それを理解し、想像する努力は必要で、私は小説を通して沖縄戦を考えてきた。戦争で殺された人は何も語れず証言も残せない。小説は虚構の中で死者を語らせることができる」

――大学卒業後は。

「高校の教員になって間もない1995年、県内で米兵による暴行事件が発生し、抗議集会に8万5千人が集まりました。しばらくして、ある生徒から、近隣高校で女子生徒が米兵に襲われたが、それを隠したまま退学した、という話を聞いた。『先生たちは今度の事件のことで騒いでいるけど、近くでこんなことがあったの知らないでしょう』と言われ、言葉が出なかった。事件として表に出るのは氷山の一角でしかない」

――小説「眼の奥の森」は沖縄の少女が米兵に暴行される事件を描いています。

＊ヘリパッド建設　米軍北部訓練場の過半を返還する条件として、東村高江の集落を取り囲むように六つのヘリパッド（ヘリコプター着陸帯）の設置が2007年7月から着工された。高江区の区民総会で反対決議が採択され、抗議運動が続けられた。

＊＊米兵による暴行事件　1995年9月、米兵3人が小学生女児を拉致し暴行した事件。その後、大規模な抗議運動として県民大会が開かれ8万5000人が参加した。

自身が原作・脚本を手掛けた映画「風音」の舞台挨拶をする目取真俊さん（後列左から２人目）＝2004年、那覇市の桜坂シネコン

「小説はフィクションだが、沖縄戦終結直後に母が見た光景が基になっている。米兵数人が海を泳いできて、集落の女性を連れ去る事件があったそうです」

―小説の中で、被害に遭った少女・小夜子の語りがないのはどうしてですか。

「だって、被害に遭った人は語れるような状態じゃないでしょう。小夜子は、体験を言葉にできないまま戦後もずっと苦しみ続ける。そういう人がどれだけ多くいたことか。沖縄戦の証言集はたくさんあるが、それは生き残って語れる人のものだけ。証言の向こう側には、膨大な沈黙がある」

―芥川賞を受賞した「水滴」は、戦後50年の1995年に執筆しています。

「主人公の徳正は戦後50年たって突然、忘れていた沖縄戦の記憶に向き合うことになる。壕に置いて逃げた同級生の霊が現れるようになって。地表に落ちた雨が何十年も掛けて浸透していき、ある日、地下の鍾乳洞に一滴の水滴が落ちるように、封印していた記憶が破られる。そういった人の思いを表現しました」

「私が大学3年の時、親戚のおばあさんが認知症で夜中に家を抜け出して畑の中にうずくまり『兵隊《ぴーたい》ぬ来《す》んど（兵隊が来るぞ）』と言っておびえていたという話を聞いた。86年に書いた小説『平和通りと名付けられた街を歩いて』は、この話が基になっています」

―辺野古新基地建設*に抗議するようになった経緯は。

「中学生のころ、沖縄海洋博覧会がありました。よく名護市東江《あがりえ》の浜で遊んだが、海洋博に向けて開発が進み、海岸がどんどん埋め立てられていった。大切な財産を失ったと思います。これ以上自然を破壊したら沖縄に何が残るのか」

「シュワブゲート前で座り込みが始まった2014年7月から参加してきた。辺野古沖にフロー

＊辺野古新基地建設　普天間飛行場の代替施設として国が名護市辺野古に建設を進めている米軍基地建設。2013年に仲井真知事が辺野古移設に向けた埋め立てを承認するが、15年に翁長知事が埋め立て承認を取り消し、移設を巡って国と県が法廷で争った。その後、県が敗訴し、17年から工事が開始した。

新基地建設に抗議中、拘束・逮捕された時の状況を説明する目取真俊さん（右）＝４月２日、沖縄市の中城海上保安部前

トが設置された8月からはカヌーで海に出て抗議するようになりました」

―先月、辺野古沖で米軍警備員に拘束、海上保安本部に逮捕されました。

「いつものように仲間と浅瀬からフロートを越えた。シュワブ陸上から走って来た米軍警備員が、仲間の腕をつかんだ。私はその時少し離れた場所にいたが、抗議するためその場に戻ると警備員に腕をつかまれ、２人がかりで無理やり陸に引き上げられました」

「ぬれたウエットスーツのまま8時間近く基地内で監禁状態に置かれた。弁護士に接見したいと通訳に頼んだが、できなかった。弁護士を依頼する権利が憲法で定められているのに、米軍基地内ではそれが適用されない。治外法権を見せつけられました」

―**感じたことは。**

「小説家だろうが公務員だろうが、目の前に基地ができようとしていて止めることに肩書なんて関係ない。ヤマトに行って講演する時『行動する作家』と言われることもありますが、違和感があります。学生時代から小説を書くことと反戦運動は車の両輪のようなもので、切り離せない。どちらも大事で、誰かがやらなければならないと思うからやっているだけ」

「基地への抗議なんて好きでやっている人はいない。誰だってもっとやりたいことがある。ウチナーンチューは基地に反対するために生まれてきたわけじゃない。しかしなんとか工事を止めないといけない」

―**基地問題を巡る沖縄の現状をどう見ますか。**

「沖縄はずっと間接的な加害者の立場にいます。ベトナム戦争時に沖縄の基地から米軍が攻撃に向かい、ベトナムの人は沖縄を『悪魔の島』と呼んだ。それは今も続いている。今ある基地と演習にも反対しなければならないと思います。基地問題は何も難しいことじゃない。これ以上、戦争の加害者にも被害者にもなりたくないというシンプルな願いで十分です」

「辺野古沖でカヌーに乗っていると、シュワブから射撃訓練や廃弾処理の音が聞こえる。戦争中もこんな音だったはず。沖縄戦から70年以上たっても銃声や砲弾音が聞こえ続けている。学べば学ぶほど今の沖縄は異常な状態だと感じます」

「もし抗議も何もしていなければ、今頃大浦湾《おおうらわん》は埋め立てられていたはずです。この闘いは、将来の沖縄の政治、経済、文化、精神面にも大きな影響を与えると思います。だからこそ負けるわけにはいかないのです」

(聞き手=北部報道部・西江千尋)

戦の記憶　覚悟の証言

中山きくさん（87）

沖縄戦の語り部

なかやま・きく　1928年11月、現南城市佐敷生まれ。旧姓・津波。佐敷尋常高等小学校を経て41年県立第二高等女学校に入学。4年生の時に軍属の補助看護婦として野戦病院に配属され、沖縄戦を体験した。46年、佐敷初等学校を振り出しに49歳まで小学校教員。白梅同窓会の8代目会長や青春を語る会代表、県婦人連合会常務理事兼事務局長などを歴任、沖縄戦を語り続けている。役者・タレントの津波信一さんはおい。

2016年8月28日掲載

沖縄戦の「三十三年忌」を迎える前後で、まだ多くの戦争体験者が口をつぐんでいたころ。教員を辞め、運命に導かれるように暮らした夫の転勤先が、二つの被爆地だった。

原爆を学び、追悼式典に参列し、被爆者と触れ合う日々で募る危機感。「証言の重みに勝るものはない。広島、長崎と共に沖縄戦を語らないと、友だちの死がなかったことにされる」。沖縄に戻って同級生を説得し、10年以上かけて体験集を完成させると覚悟は決まった。「泣いてばかりいられない。絶対に伝える」と。

終戦から半世紀、沈黙を破った。

那覇の中心部にあった県立第二高等女学校の4年生で、戦後「白梅学徒隊《しらうめがくとたい》」と呼ばれる56人の1人。配置された野戦病院壕では日本軍の補助看護婦として、傷病兵の世話に駆け回った。手術に立ち会えば、切断される患部をろうそくで照らす役目。うめき声と大量の血におじけづき、少しでも明かりがずれると軍医に蹴飛ばされるから、想像もできない苦痛にもん絶する兵士を、むなしく励ますしかなかった。「兵隊さん、大丈夫ですよ。もう少しですよ」

だが16、17歳の少女たちにとって本当の地獄は、解散命令が下り身一つで弾雨の中に放り出されてからだ。日本の勝利を信じ、厳格な看護教育で結束した学徒は、22人が命を奪われた。

短棒投げの県記録保持者だった元気者は火炎放射に頭から背中まで焼かれ、故郷で療養中にマラリアにかかって帰らぬ人に。戦後行われた卒業式では、一家全滅のため卒業証書を受け取る家族さえいない同級生もいた。

「県民総出で陣地構築に精を出した結末がこれですよ。命だけじゃない。自然も文化もすべて破壊する。それが戦争なんです」。孫やひ孫に近い世代を前に、手渡すように言葉を紡ぐ。

寄せられた手紙や感想文には必ず返事を書くが、小学1年の女の子に「戦争を生き延びる方法」を尋ねられ、答えに戸惑うこともあった。「幼い子どもたちに、そんな心配までさせる世の中って何でしょう」

もともとおかしなことがあれば、黙っていられない性分。「思いがあっても行動しなければゼロ。小さな1でも集まれば大きな力になる」との信念で、教科書問題や米軍基地を巡る県民大会へ足を運び、炎天下で体験を語った。

昨年、ひめゆり平和祈念資料館が元学徒による館内講話を終了し、9校の女子学徒体験者でつくる「青春を語る会」も今年、活動に終止符を打った。容赦ない高齢化の現実が突き付けられる中、「軍事基地のない平和」を実らせようと種まきは続く。

愛用する手帳には、1年2カ月先の講話の依頼が書き留められている。「やがて90よ。先方には、さすがに確約はできませんと念押ししているの」

（社会部・新垣綾子）

――どんな家庭環境で育ったのですか。

「家族構成は両親と、戦後生まれの末っ子も含めた7人きょうだいで、私は2番目。父は私が2歳ぐらいのころ、単身出稼ぎでフィリピンに渡り、ある程度の蓄えができてから帰国し、親戚を頼って大阪で商売を始めた。母も大阪に呼ばれ、弟や妹たちはそこで生まれた。でも、父の兄嫁に当たる伯母に懐いていた私は沖縄に残り、沖縄戦の直前まで伯母と暮らした」

『大阪に来たら、良い学校に通えて良い服を着られるよ』という父の説得にも耳を貸さなかった。伯母は困っている人がいると放っておけない性格で、字中から尊敬されていた。既に結婚して家を離れた娘がいたけれど、私は実の娘以上にかわいがってもらった」

――佐敷《さしき》から那覇の県立第二高等女学校（二高女）に進んだのはなぜですか。

「父親たっての希望だった。二高女は火事で校舎の大半が焼けた後、私が入学する前年の1940年に再建された。当時としてはモダンな建物で、キンセンカやフリージア、グラジオラスなどの草花が年中咲き誇っていた」

「周辺は知事官舎や病院など公共の建物が多く、学習環境に恵まれていた。国語や数学などの主要教科だけでなく、音楽や美術や体育でも実績があったから、それで勧めたのだと思う」

――沖縄戦前の二高女での思い出は。

「ブラスバンド部だった。オルガンでバイエル教本をやり遂げるのと、2年生以上というのが入部条件。活動は校内行事だけでなく、奥武山《おうのやま》であった全県の男女中等学校陸上大会で、男子師範（沖縄師範学校男子部）のバンドと一緒に入場行進や優勝校の校歌を吹奏して盛り上げた。本当は花形のトランペットやサックスに憧れたが、先生に決められたのがトロンボーン。練習を積むうち、中低音の役割が理解できるようになって愛着が湧いた」

―近づく戦火をどのように感じましたか。

「小学生のころから、日中戦争の大戦果報道が入ると旗行列をした時代で、誰もが軍国少年や軍国少女。友人の父や近所の男性たちも次々に出征していった」

「太平洋戦争が始まったのは、二高女1年の時。先生に発音を褒められたおかげで英語が好きだったのに、敵の言葉だという理由で2年生から学べなくなった。バンド部も戦意高揚に大いに利用された。日本優位の情報のたび、二高女のバンド部を先頭に那覇の街を行進し、『海行かば』や『愛国行進曲』を得意になって演奏した。でも、陣地構築に駆り出され、疎開者が続出するころになると、授業やバンドどころじゃない。10・10[*]空襲で二高女の校舎は焼け、那覇は壊滅状態。私は避難できる田舎があるだけ、恵まれていた」

―従軍補助看護婦として、戦場に駆り出されるまでの経緯は。

＊10・10空襲 ↓85頁

県立二高女の同級生と中山きくさん（後列中央）＝1943年ごろ（卒業50周年記念誌「白梅よ永遠に」から転載）

「45年2月ごろ、消息が分かる生徒に対して学校から『軽便鉄道《けいびんてつどう》の国場駅《こくばえき》に集まるように』との通知が来た。命令ではなく、家族の承諾を得て看護教育を受けるよう促す内容だった。中国大陸や満州（現・中国東北部）で華々しく戦う日本軍のそばで、赤十字の看護婦が活躍するニュース映画に感動したことがあった私は、『お国のためなら』と即決。心配する親のオッケーはもらえなかったが、押し切る形で向かった」

「1学年は松・竹・梅の3組構成で計150人余いたが、最終的に4年生56人が24師団（山部隊）野戦病院衛生看護教育隊に入隊。3月6日から、東風平国民学校で集中看護教育を受けた。米軍の艦砲射撃が始まったので、看護教育は3月24日までのわずか18日間で打ち切り。旧東風平村の八重《やえ》瀬岳《せだけ》にあった野戦病院などに配属され、戦争に巻き込まれた」

―手術場壕での過酷な看護でした。

「手術場壕に配属されたのは、私を含め同級生5人。切断した手足の廃棄や排せつ物の処理、食事の世話などが主な仕事だった。手術で兵士の患部を切断する時は、とりあえず麻酔を打つが、必要量には全く足りない。壕には次から次に傷病兵が運ばれてくるから時間もかけられない。兵士たちは泣き叫んだり、気を失ったり。私たちは軍医の手元をろうそくで照らさないといけないが、あまりの恐ろしさに目を背けてしまい明かりがずれると、軍医に足を蹴飛ばされた」

「梅雨時で湿っている上、汚物は垂れ流しで、傷が化膿《かのう》しても包帯を交換することもできない。病室には『飯くれー』『尿器持ってこい』『痛いよー』という叫び声があちこちで響いていた」

「それでも、野戦病院で活動している間は同級生に犠牲者は出なかった。突然の解散命令は6月4日。既に2カ月も前の4月1日に米軍は本島中部の西海岸から上陸し、南下しているということを知ってがくぜんとし、『ああ、この戦争、負けた』と初めて思った」

「私は親友と2人で南部へ逃げた。瀕死《ひんし》の人がいても、助けを求められても、なすすべがない。今の糸満市大度《いとまんしおおど》辺りで、体中真っ黒の、膨れるだけ膨れ、今にも破裂しそうな遺体があったのが鮮明に記憶に残る。『手りゅう弾で自決しよう』と持ち掛けた私を、友人が止めてくれなかったら私も死んでいたと思う。6月末か7月初めごろ、米軍に捕まった」

―戦後は教員になります。

「住民のための米軍診療所勤務が戦後のスタート。栄養失調や不衛生が原因のおできの処置は、私でも十分できたから。そのうち小学校があちこちに開校したが、深刻な教師不足で各校の校長が中等学校や女学校の卒業生をスカウトして回っていた。やがて私にも声が掛かり、終戦翌年に資格のない臨時教員という形で、子どもたちの遊び相手になったり、計算や漢字を教えたりした」

白梅学徒隊が配属された第一野戦病院壕跡で、当時を証言する中山きくさん（手前右）と、同級生の武村豊さん（同左）＝2013年8月25日、八重瀬町富盛・八重瀬公園

「私は戦後、虚脱感からふさぎ込み、水くみ以外は家から出ない時期もあったが、戦争などなかったかのように明るく無邪気な子どもたちには本当に救われた。やがて旧具志川《ぐしかわ》村（現・うるま市）に教員養成のための沖縄文教学校が設立された。2期生として4カ月学び、卒業と同時に佐敷初等学校の教官になった」

——沖縄戦の語り部になったのは、終戦から50年もたっていました。

「担任した子どもたちに、沖縄戦の悲惨さは話していたのよ。でも『白梅学徒隊』[*]だったことは、ずっと語れなかった。犠牲になった22人もの顔を浮かべ、『彼女たちが生きていたら』と思うと涙が止まらなくなる。慰霊祭で、亡くなった同級生のお母さんが私の子を触《さわ》やー触やーして『いくつねー?』『何年生?』って話し掛けるのを見るのもつらい。亡き娘を探すように、壕をのぞき込む後ろ姿を見るのも本当につらかった」

「心境が変化したのは国家公務員で入国管理局に勤めていた夫の転勤のため、教員を辞めて広島、長崎で計3年間を過ごしてから。原爆資料館に足を運び、8月には追悼式典へ。長崎では近所に住む夫の部下の奥さんが長年、原爆症に苦しんでいた。そうするうちに『広島、長崎の原爆と沖縄の地上戦は語り継いでいかないと、友だちの死がなかったことにされてしまう』という危機感が大きくなってね。沖縄に帰ってから、同級生たちに戦争体験集を発刊しようと提案した」

「最初はみんな乗り気じゃなかったけど、『私が書いた原本を、みんなで検討する形で進めよう』と説得し、10年以上かけて95年にまとめたのが『平和への道しるべ　白梅学徒看護隊の記録』。それからは『絶対に伝える』という覚悟ができた」

―どんな思いで、体験を語っているのですか。

「しっかり聞いて、心に留めてねという気持ちかな。自分の心情をあらわにした語り方では、聞き手の同情が入り込んで事実がしっかり伝わらないというのが私の考え。だから絶対に泣かないの。

＊白梅学徒隊（白梅学徒看護隊）　県立第二高等女学校（那覇市）の4年生56人で編成。第24師団（山部隊）の衛生看護教育隊に入隊。八重瀬町富盛の第一野戦病院に配置され、傷病兵の看護に専念した。

淡々と話していると言われても、それでいいと思う。感想文や名刺をもらったら必ず返事を出すし、文通で交流を続けている人もいる。少しでも何かを感じ取ってくれたら、それでいい」

―実際、元学徒の思いを若者たちが引き継ぐ活動を続けています。

「沖縄尚学《おきなわしょうがく》高校の生徒たちが『後輩宣言』をし、白梅学徒隊の歴史を後世に伝えようと頑張っている。かつての激戦地を歩いてたどる広島経済大学の取り組みがあり、絵本や朗読劇を作ってくれる人たちもいる。糸満《いとまん》市《し》真栄里《まえざと》の白梅《しらうめ》之《の》塔《とう》で、慰霊の日*にある慰霊祭には今年、約３５０人が参列した。若者も多く、とても心強かった」

―今年3月、沖縄戦時にあった県内九つの女子学徒隊体験者でつくる「青春を語る会」が活動を終えました。きくさんは代表でもありました。

「結成は99年。ひめゆり平和祈念資料館**の開館10周年に合わせた企画展で、県内の男女学徒隊を紹介するコーナーが設けられたのがきっかけだった。白梅、なごらん、瑞泉《ずいせん》、積徳《せきとく》、梯梧《でいご》など…。学校を越えて最多で30人近くが集まり、それぞれの学徒隊の戦時の足跡をたどったりもした。でも、年齢には勝てないのね。亡くなったり、体調を崩したりして解散時には9人まで減った。これまで、教科書問題***や米軍基地を巡る県民大会などがあれば積極的に参加を呼び掛けてきたけど、近年は誘うのもはばかられる状況だった」

「でも、語る会の活動のおかげで、ひめゆり以外にあまり知られていなかった学徒隊の存在に光が当たったことは大きな成果。気軽におしゃべりを楽しむために立ち上げた『月桃《げっとう》の会』での交流は続くし、これからは個々人のペースで平和を訴えられればいい」

―今の沖縄をどう捉え、若い世代にどんなメッセージを送りたいですか。

「手元に、2008年に登壇した『米兵によるあらゆる事件・事故に抗議する県民大会』の発表原稿や、本土復帰40年で書いた雑誌記事がある。いずれも、重い基地負担や人権が踏みにじられている理不尽への怒りと問題解決を訴えたが、時がたっても沖縄を取り巻く現状は変わらない」

＊慰霊の日　沖縄戦を指揮した第32軍牛島満司令官が自決したとされる6月23日を、県が1974年に「戦没者追悼、恒久平和を希求する日」として条例で定めた。61年に琉球政府が慰霊の日を定めた際は22日だった。法制度の問題で一時「廃止」の議論もあったが、91年の地方自治法改正で正式に休日となった。沖縄戦では、激しい地上戦で、子どもを含む住民約9万4000人、日米軍人含め、20万人以上が犠牲になったとされている。

＊＊ひめゆり平和祈念資料館　1989年6月23日に開館した糸満市にある資料館。沖縄師範学校女子部と県立第一高等女学校の生徒たちによって編成された看護隊「ひめゆり学徒隊」の生存者の証言映像や、亡くなった生徒・教師の遺影などを展示している。実際に使用された医療器具や、生徒の持ち物なども紹介しており、沖縄戦の凄惨な実態を伝えている。

＊＊＊教科書問題　↓245頁（沖縄戦の記述を巡る教科書問題）

「だから教員向けの講話などでは中身はそのまま、日付だけ講話の日に変えて配布するの。戦争が終わっても、米軍機の騒音に悩まされ、墜落の恐怖にさらされる日常は真の平和とはいえない。おかしいと思うことに対して沈黙してはいけない。1人でできることは限られていても、集まれば大きな力になると信じている」

（聞き手＝社会部・新垣綾子）

基地で演奏 思い複雑

上原昌栄さん（80）

ジャズドラマー

うえはら・しょうえい　1936年1月15日、那覇市通堂町生まれ。那覇高校卒業後、同級生らとバンドを結成し、72年の本土復帰まで米軍基地のクラブで活動する。その後、基地外で演奏を続ける傍ら、那覇市内の小中学校でジャズを取り入れた音楽指導にもあたる。2008年度沖縄タイムス芸術選賞功労賞（洋楽・邦楽部門）受賞。10年6月～14年5月、沖縄ジャズ協会会長。現在同協会顧問。

2016年9月11日掲載

止まらないドラムソロに、座席に腰を深く掛けていた聴衆がいつの間にか身を乗り出している。昨年12月、那覇市民会館であった沖縄ジャズ協会主催のクリスマスコンサートで、80歳の現役ジャズマンは誰よりもはつらつとしたパフォーマンスで魅せた。エンターテイナーに徹する姿勢は、ベトナム戦争当時に在沖米軍基地内のクラブで演奏をしていた時と変わらない。クラブのオーナーからは最高のショー・バンドとまで言われた。

「女の子とツイストダンスをする兵士たちに、笑顔があった記憶はない。いつ死ぬかもしれない彼らの心境を思いながら、一生懸命パフォーマンスした」。米兵たちは湯水のように金を使った。仲良くなった一人が戦地から戻らず、ひどく落ち込んだこともある。

那覇市通堂町《とんどう》で生まれ、師範資格を持つ父親の三線を聴きながら育った。8歳で親の故郷・国頭村《くにがみそん》比地《ひじ》へ疎開。沖縄戦で山中に逃げる際、父から「命の次に大事」と担がされた三線は、音楽人生の原点となった。

ジャズとの出合いは高校の時。ブラスバンド部の顧問の先生に、頭数合わせで米軍基地内のクラブに誘われた。ステージに立つだけの〝かかし〟役は、ドラムをたたくと天才だった。豊年祭の余興でたたいた、島太鼓の経験が生きたのだ。

高校卒業後、プロミュージシャンを目指し、国際通りにあったクラブ「大宝」でデビュー。半年後、高校の同級生らとバンドを結成し、米軍基地内のクラブを回った。当時有名なジャズ評論家は、力強いドラムを聴いて絶賛した。

1966年、浦添市《うらそえし》小湾《こわん》の極東放送《きょくとうほうそう》（現エフエム沖縄）横にあった県内随一のクラブ「VFW」のオーディションに合格。そこで、本場米国のミュージシャンとの演奏機会に恵まれた。

一方で米軍の事件・事故は後を絶たず、県民の反基地感情は高まっていた。「ウチナーンチュなのに基地で働くのか」。抗議活動の市民からそう言われたこともある。米軍施政下、県民が受ける不条理に怒りも抱いたが「食べるには基地で働くしかなかった」と振り返る。

本土復帰後、基地内のクラブが次々と閉まり失業した。卸売業やレストラン経営、タクシー運転手、建設会社の営業と転々とし、その傍ら、夜はライブハウスでドラムをたたいた。

これまで、米軍基地に関して意見を言ったことはあまりない。半生を思うと複雑だった。だが4月、米軍属による女性暴行殺人事件が起きると、心の中で何かがプツンと切れた。

「米軍基地でジャズや多くの仲間に出会えたことには感謝している。ただ、もうこれ以上は沖縄でこんな事件は起きてほしくない。基地はなくしてもらうしかないと思っている」

（北部報道部・城間陽介）

―小さい頃から音楽に親しんだ。

「父が三線の師範資格を持っていて、毎夜家で三線を聴きながら育った。父は三線を『命の次に大事』と言ってね。僕がこっそり触っても怒らなかったけど。音楽の原体験は三線の音。私のドラムはメロディックと言われるが、旋律を歌う心はウチナー民謡が影響しているかもしれない」

―生い立ちは。

「生まれは那覇市通堂町で8人きょうだいの4番目。母方の祖父母が経営していた旅館の一間を借りて住んでいた。学校は天妃《てんぴ》小学校で3年生の途中まで通った。朝礼の国旗掲揚で先生が勢いよくラッパを吹く姿が格好よくて、いつか吹きたいって思ったね。南洋諸島の日本軍の劣勢を伝え聞いた親が1944年、姉と僕を実家の国頭村比地に疎開させた」

「10[*]・10空襲の日、比地の集落上空に飛行機が見えて『頑張れ』と手を振ったら、今の奥間《おくま》ビーチ付近の田園の瓦家が一斉射撃を受けて燃やされたんだ。日本が勝つ戦だと教えられていたから信じられなかった」

―沖縄戦当時は9歳だった。

「いよいよ米軍が本島へ上陸するとなって、家族で国頭の山奥に小屋を建てて隠れた。その時も父は僕に2丁の三線を持たせてね。弾けるような状況じゃないのに。夜は芋掘りに集落へ下りて、昼は山奥で息を潜める生活。日中、芋掘りに出て敵兵に撃たれた親戚もいた。とにかく空腹で何でも食べた。木の根っこを食べ、おなかを壊したりもした。二度と戦争はごめんだ」

―ジャズとの出合いは。

「奥間小から国頭中に入学した。それまで楽器と言えば草笛で、運動会の行進曲を吹いたりしていた。辺土名《へんとな》高校に入ってすぐに那覇高へ転校した。親が村で採れたお茶を那覇でも売ると言って那覇市三原《みはら》に引っ越したけれども、本土から上等のお茶が入ってきて商売はあがったり。母が食堂を始めたが、家計は火の車だった」

「トランペットを吹きたかったから那覇高ブラスバンド部に入った。でも、持たされたのはトロンボーン。3年になってやっと念願のトランペットを吹くことができた。その頃、顧問の先生がフルバンドを組んで米軍基地内のクラブで演奏していて、頭数合わせでメンバーに入れられてね。最初はついていけず、まねだけの〝かかし〟。それでも高いバイト代をもらい、家計の足しにしていた」

「当時の楽しみといえば、米軍のラジオ局から流れてくる洋楽。毎夜、ポップスやジャズを聴いて悦に入り、プロミュージシャンになる夢を描いていた」

―最初の楽器はドラムではなかった。

「3年の途中でドラムの椅子が空き、先生に勧められてたたいてみたら『お前は天才だ』と。何

＊10・10空襲 ↓85頁

も教えられていないのにできた。小さい頃、国頭村比地の豊年祭で、父の三線に合わせてたたく島太鼓がリズミカルで、拍の取り方が上手と周りからほめられたのを思い出したよ」

「ドラマーとして独り立ちするため、高校卒業後は先輩がやっていた『クラブ大宝バンド』に入った。見習いだから無給でいいと。クラブ大宝は国際通りの三越があった場所だった。米国のポップスから日本の歌謡曲まで、いろいろやった。半年後、同級生らのバンドから声が掛かり、米軍基地内のクラブで演奏するようになった」

「その頃、バッハやベートーベンみたいな作曲家になると真剣に考えていて、ピアノ教室にも通っていた。音大に進学するつもりで、クラブ演奏は学費稼ぎのつもりだった。結局、ピアノの練習は1年ぐらい。クラブでの演奏に夢中になり、作曲家の夢はどこかへ消えてしまった」

「月給は200～300ドル。当時の公務員の平均給料の4、5倍はあったと思う。基地外の今でいうカラオケスナックみたいな店にも出演し始めていたけど、とてもそこでは食べてはいけなかった」

―高校卒業から3年後、大胆な演奏スタイルがジャズ評論家に絶賛される。

「基地内にクラブは三つあった。若い兵士が多いEMクラブ、下士官クラスのNCOクラブ、将校クラスのオフィサーズクラブ。EMでは、ジャズやブルースをリクエストされた。演奏を重ねていくうちに、ジャズ評論家で知られた渡嘉敷唯夫《とかしきただお》さんに『若手のすごいドラマーが現れた』と雑

クラブオリオンで打ち合わせする上原昌栄さん（右から２人目）。店側は歌謡曲を求めたがジャズを演奏したため、長続きしなかった＝1958年（本人提供）

誌か新聞かで取り上げられた。技巧的というよりは、大胆で動きのある演奏スタイル。これを機に、少しずつ人気が出た。周囲の人たちは、僕のことを生意気だと言っていたみたいだ」

「とにかく米国のジャズマンたちのレベルに追い付こうと必死だった。本物のジャズを聴くためにクラブの若い兵士にお願いして、米国でレコードを買ってきてもらったりもした。彼らと仲良くなるために英語塾にも通ったよ。米国の有名なジャズドラマーが来日するとなれば、パスポートを持って東京にも出掛けた」

―60年代、ベトナム戦争には沖縄から米軍が出撃した。クラブの様子は。

「兵士たちは、稼いだ給料を一夜で使い切

ジャズマンの憧れだったクラブ「VFW」でドラムをたたく上原昌栄さん＝1966年（本人提供）

るぐらい散財した。店が用意したウチナーンチュの女の子の中から、1人を選んでツイストダンスを踊るんだ。でも、彼らに笑顔があった記憶はない。ベトナムから生きて帰って来られないかもしれないという彼らの心境を思うと、刹那的であっても楽しませたい気持ちがあった。ステージから下りて演奏するパフォーマンスをやったりと、一生懸命だった。だから、仲が良かった米兵の1人が戻ってこなかった時はショックだった」

「66年、バンドマンたちの憧れでもある退役軍人用のクラブ『VFW』のオーディションに合格した。バンド名は『ブルーノート』。今のエフエム沖縄（浦添市小湾）の横にあったVFWは、ウチナーンチュも出入りできる当時の沖縄一のキャバレー。ダンスホールのほか、スロットマシンもあった。メンバー名もアメリカ風にして、私は『ショウリー』と名乗った。オーナーから最高のショーバンドと言われたよ。自分が楽しめば自然と聴き手も共鳴する。音楽はお互い楽しんでこそだよ」

―70年12月に起きたコザ騒動*はどう映ったか。

「後から新聞を読んでこれは大変だと。米軍人の事件事故、米軍施政下で県民が受ける不条理に怒りも抱いていたが、一方で生活費を稼ぐ場は基地以外なかった。いつだったか、基地に入ろうとすると、抗議の市民から『ウチナーンチュなのに基地なんかで働くのか』と言われた。だったらあなたたちが生活の面倒を見てくれるのかと、当時は反発した」

―72年の本土復帰以降、生活が一変する。

「多くの兵士が家族と共に米本土に引き上げ、基地内のクラブも次々と閉まった。それで、ミュージシャンは失業に追い込まれた。仕事を探さないといけなくなり、僕はみその卸売業、それからレストランの経営も始めたりした」

「75年の沖縄海洋博**のころからは、ホテルやキャバレーでの演奏が徐々に増えたけれど、それで

＊コザ騒動　↓15頁
＊＊沖縄海洋博　↓211頁（海洋博）

も食ってはいけない。そのうち商売もうまくいかなくなって、借金が膨らんだ。家と土地を売って、タクシー運転手をした。それを見た妻の兄が自身の建設会社に入れてくれた。約20年、その会社で営業をした」

―その傍ら、79年、43歳で野村流伝統音楽協会に入門し、66歳で三線の師範資格を取得する。

「小さい頃から親しんできた三線は、大切な楽器で私の原点でもある。琉球音楽を子どもたちにも伝えたくて資格を取り、今は教室を開いて教えている」

―那覇市内の小中学校でジャズの指導もしている。

「沖縄ジャズ協会として、指導を始めてから20年ぐらいになる。こちらが少しやり方を教えると子どもたちは目の色を変え、まねして面白がる。彼らの喜ぶ顔は僕のパワーだ。メロディーも自分たちで作らせている。音楽がこんなにも自由で楽しいものだということを教えたい。子どもたちには、たくさんの経験の中から好きなことを見つけてほしい。たとえ食べていけなくても、続けることが大事だ」

―以前に比べ、ジャズライブハウスもだいぶ減った。

「寂しいが、時代が時代だから仕方がない。それでもライブハウスはあるし、イベントも各地で開かれている。昼はサラリーマン、夜はライブハウスで飛び入りセッションをする人もいる。偶然、教え子とライブハウスで会ったこともある。こんなにうれしいことはない」

―75歳で初のリーダーアルバム「ウチナー・ビート」を発売した。

「僕の中でジャズとウチナー音楽は一心同体。琉球音階*でアドリブを入れ、最後の曲『十九の春』は僕の歌三線と弦楽四重奏、ピアノのコラボレーションとなっている」

「ジャズはこういうものだとか、これがジャズだとかいう風には考えてない。体の内から湧き出るビート。それが僕にとってのジャズ。自由を求める心だ」

―米軍基地で働いていた当時、同じ県民から「それでもウチナーンチュか」と言われた。今はどう思う。

「あの時代、基地従業員**というのは珍しくなかった。みんな家計を支えるため、割り切って働いていた。ただでさえ沖縄に仕事が少ないのに音楽で食べていくとなれば、ミュージシャンは基地内で働かないと家族を養うことができなかった。ウチナーンチュの誇り、基地の存在をどうこうと言う前に、明日の生活が差し迫った問題だった」

＊琉球音階　沖縄県全域や与論島、沖永良部島で多く使われている音階で、ド・ミ・ファ・ソ・シの5音で構成される。

＊＊基地従業員　米軍事基地で働く労働者。軍雇用員ともいう。1945年、沖縄本島に上陸して基地を建設した米軍が、地域住民を徴用して雑務に従事させたのが始まり。学校教師の給料よりも基地で働いた方が生活の糧が得られるとして、教師から転職する人が多い時期もあった。

「しかし、あの頃と時代が違う。基地従業員はいるけれども、今は基地がなくても働き口はほかにあるし、やっていける。ミュージシャンだって食べていくのは確かに厳しいが、街中のライブハウスで県外、国外のジャズマンたちと演奏もできる時代だ」

―今年4月、元海兵隊員で米軍属による暴行殺人事件が起きた。米軍基地に対する心境も変わったか。

「言葉にならないくらいショックだった。あってはならないことが起きた。僕は米軍基地内でジャズ、米兵を含む仲間たちに出会えたことに感謝している。基地に感謝しているのではなく、基地で出会えたことに対してね」

「半生を振り返ると、これだけ反基地感情がある中、ウチナーンチュとしての気持ちは複雑だった。あまり米軍基地に意見を言ったことはないし、避けてきた部分はある。ただ、もうこれ以上、沖縄でこういう事件は起きてほしくない。基地は早めになくしてもらうしかないと思っている」

（聞き手＝北部報道部・城間陽介）

掲載後の追加略歴

2020年現在　沖縄ジャズ協会名誉会長

誇る自然 観光けん引

宮平康弘さん（70）

元石垣市観光協会長

みやひら・やすひろ　美ら花グループCEO。1946年6月8日、石垣市生まれ。68年琉球大学法政学科卒業。73年那覇地検を退職し、宮平観光専務取締役。88年同社社長。02年から現職。95年石垣市観光協会筆頭副会長、02年八重山ビジターズビューロー理事長、10年から民間初の「石垣市観光協会長」（13年から石垣市観光交流協会に改名）を4年間務める。

2016年9月25日掲載

「島らしく」という言葉を好んで使う。豊かな自然、多様な文化―。「沖縄本島とは違った独自性こそが、八重山《やえやま》観光の魅力」と考えるからだ。

11の有人離島が連なる八重山諸島で、八重山ビジターズビューロー理事長、石垣《いしがき》市観光交流協会長を務め、引っ張ってきた。

1973年、那覇地検を退職し、義父母の興した「宮平観光」に就職。沖縄返還の翌年で、八重山の観光客数は年間4万人に満たず、「観光という言葉さえほとんど聞かなかった」

沖縄海洋博覧会が開かれた75年、チャンス到来を見込み、43室だったホテルの増築を準備したが、逆に八重山の観光客数は減った。

沖縄本島を訪れた後、その先に足を伸ばす人は少ないことを知った。「沖縄の一部ではない。八重山らしさを生かしたい」。そんな気持ちが強くなった。

観光協会として力を入れたのが交通の確保だ。機材の大型化を求め、79年にジェット機の暫定就航、89年に航空2社が乗り入れる「ダブルトラッキング」を実現し、競争時代に入った。

沖縄で先陣を切ったイベントもある。東京、大阪で、旅行関連企業やマスコミを招く「八重山観光感謝のつどい」だ。93年から23年間続く。郷土料理を振る舞い、観光施設や見どころを紹介。「八重山観光を根付かせたい」と官民挙げた取り組みになっている。

「浮草産業」と思い知らされてきた。新婚旅行ブームでの円高ドル安、「ちゅらさん」ブームでの米同時多発テロ…。国内景気、国際社会の大波に翻弄《ほんろう》された。観光客の増加とともに、「島の切り売り」と言われた島外資本の参入で、地元資本の観光ホテルは軒並み姿を消した。

それでも「離島で大きな雇用を生みだすには観光しかない」と関連会社を設立し、企業の総合力で持ちこたえてきたと自負する。

辛酸をなめ、学んだこともある。島々の玄関口となる新石垣空港問題だ。場所の選定で二転三転。当初の白保《しらほ》の海を埋め立てる計画に「発展のためなら少々のサンゴがつぶれても仕方がない」と推進の立場で、反対派に追いかけられた。

30年以上の議論を経て、埋め立てによらない新空港が2013年3月に開港。観光客数は100万人を超え、地域の総生産約1100億円のうち、約600億円を観光収入が占めるようになった。

「開発の遅れは離島の弱みと思ってきたが、逆に強みだと考えが変わった。自然を守ることで、大切なことが分かった」

肩書から解放された今、八重山の星空やサガリバナを広めたいと活動する。「夜の星や花を楽しめば、もう1泊してもらえる」。経営者の顔がのぞいた。

（特別報道チーム・福元大輔）

—地域住民の念願だった新石垣空港が2013年3月、開港した。

「旧石垣空港は滑走路1500メートルと短く、1979年から滑走路に溝を掘り、暫定的にジェット機を運航していた。82年8月に*南西航空機《なんせいこうくうき》（当時）が滑走路を外れて爆発・炎上する事故が発生。危険性や騒音のほか重量制限、着陸時の急ブレーキなど、貨物輸送にも観光にもマイナスだった」

「南《ぱい》ぬ島石垣空港は滑走路2千メートル。中型ジェット機が乗り入れ、東京や大阪からの直行便も可能になった」

—観光客は期待通りに増えた。

「開港前の2012年71万人から13年94万人、14年112万人、15年111万人と順調に推移している」

—開港までに相当な苦労があった。

「1973年4月に八重山観光協会の理事に就任して以降、長年関わってきた。新空港の必要性を認めながらも建設場所の選定で二転三転した」

—西銘順治《にしめじゅんじ》知事時代の79年、***白保沖のサンゴ礁の海を埋め立て、2500メートルの滑走路を建設する計画に決まった。**

「世界有数のサンゴを守ろうと、反対運動が激しかった。当時の私は、もちろん推進の立場だった。

住民の利便性の向上、観光客の増加には滑走路の長い新空港が不可欠で、地域の発展のために少々のサンゴがつぶれても仕方がないと考えていた」

「ところが、世界自然保護基金（ＷＷＦ）名誉総裁のエディンバラ公が現地を訪問し、流れが変わった」

＊南西航空　日本トランスオーシャン航空（ＪＴＡ）の前身（１９９３年７月に社名変更）。１９６７年に沖縄県内の定期的な航空路線を開設しようと日本航空や県などが出資し創立された。離島を結ぶ「県民の足」として定着し、81年に乗客が１千万人を超えた。82年、那覇発石垣行きのボーイング７３７（乗客１３３人、乗員５人）が着陸に失敗し、滑走路の南端のフェンスを突き破って、ギンネム林に突っ込んだ。幼児３人を含む乗客乗員は全員脱出、46人が重軽傷を負ったが、奇跡的に死者はなかった。南西航空は67年の創業以来初の人身事故となった。

＊＊西銘順治　本土復帰後の第３代沖縄県知事（１９７８年12月～90年11月までの３期）。21年与那国村（当時）で生まれ、２００１年死去。復帰後の社会資本整備や人材育成をはじめ、沖縄コンベンションセンターの建設、世界のウチナーンチュ大会など大型プロジェクトを実現。１９７９年に新石垣空港移設事業に着手した。

＊＊＊白保沖のサンゴ礁の海　石垣島東岸にあり、アオサンゴをはじめとする多種多様なサンゴが見られる世界最大級のサンゴの群落。新石垣空港移設計画の予定地になり、「サンゴ保全」をキーワードに反対運動が活発化。１９８８年には国際自然保護連合（ＩＵＣＮ）が計画の見直しを日本政府に要請するなど、国際的な注目を集めた。この反対運動は国内での環境保護活動の先駆けにもなった。

た。宮平観光ホテルで歓迎パーティーを開いた際、正直『まいったな』という心境だった。総裁がサンゴ保護を呼び掛けたことで、反対の輪は世界に広がった。計画は撤回に追い込まれた」

―その後も、前へ進むまで時間がかかった。

「造るのは県。観光業界として反対の立場をとれない。候補地を回ったが、反対派から追い掛けられることもあった。住民同士の対立も見た。２０００年に今のカラ岳陸上部に決まり、06年の着工にこぎ着けた」

「30年以上の議論となったが、無駄ではなかったと思っている。大切なものが見つかった。最終的に自然を守ることが、八重山の発展につながると考えるようになった」

―今では自然保護派を自負している。

「八重山は行って良かった観光地の日本一、ダイビングスポットの日本一に選ばれている。その玄関口が海を埋め立てた場所だったらどうなっていただろうか。自然を守ることで、八重山の良さを再認識した」

―『島らしさ』を大切にしてきた。

「八重山には、石垣《いしがき》、竹富《たけとみ》、黒島《くろしま》、小浜《こはま》、嘉弥真《かやま》、西表《いりおもて》、新城《あらぐすく》、鳩間《はとま》、由布《ゆぶ》、波照間《はてるま》、与那国《よなぐに》の11の有人離島がある。島ごと、地域ごとの豊かな自然、多様な文化が、八重山観光の魅力だ。沖縄本島が都市型観光なら、八重山は国立公園にも指定されている豊かな自然と島々の魅力を売り出し

かない」

―**転機は海洋博＊だった。**

「琉球大を卒業後、琉球高検、那覇地検で勤め、１９７３年に妻の実家の宮平観光に就職した。専務取締役として先代からハンコを預かり、事業を任された」

「沖縄返還の72年に、観光客は年間４万人に満たなかった時代。75～76年の沖縄海洋博が、チャンス到来と見込んだ。43室だったホテルの増築を準備したが、ふたを開ければ、読みは外れ、八重山の観光客は減った。沖縄本島に訪れた客が八重山まで足を伸ばすことはまれだった。沖縄本島とは違う、『八重山観光』を確立しなければならないと考えるようになった」

―**沖縄本島との差別化を前に、移動手段の確保に取り組んだ。**

「観光客を呼び込むには航空機の大型化が必要だった。航空会社は生活路線を重視し、観光には行き届かなかった。観光協会として何度も何度も要望し、プロペラ機からジェット機への運航が決まった。その後、竹富町内の島々の港湾整備、交通体系の充実にも力を入れた」

「さらに航空１社だと、ストライキなどで運航が滞ることがあるため、２社が乗り入れるダブル

＊海洋博　１９７５年７月20日～76年１月18日まで本部町で開かれた沖縄国際海洋博覧会。本土復帰記念事業として位置付けられ、36カ国と三つの国際機関が参加した。会期中に３４９万人が来場したが、目標の４５０万人には届かなかった。終了後は、観光客数激減で「海洋博不況」も。

ANAの先島－本土直行便の運航継続に向けて県に協力要請する宮平康弘さん（右端）＝2006年3月、県庁

トラッキングの要請も続け、89年に実現した」

―4万人に満たなかった観光客は、89年には30万人を上回った。

「航空機の大型化で、団体客の受け入れも可能になった。旅行代理店からの誘客も大きかった」

―その中で沖縄本島との差別化を意識するようになった。

「県外の旅行関連会社の間では、八重山は沖縄の一部、八重山観光は沖縄観光の一部という考え方が主流だった。東京から沖縄本島の旅行で5万円とすると、八重山旅行には7～10万円かかる。その値段なら、グアムやハワイなどの海外も競争相手になる」

「それなら沖縄本島の皆さんと誘客活動を一緒にするより、独自性を出さないといけないと考えた。観光協会として本島に先駆け、93年から『八重山観光感謝のつどい』を東京と大阪で開催するようになった」
「旅行会社やマスコミを招き、料理を振る舞いながら、その年のイベント情報や新たな観光施設などを紹介。官民一体となって誘客に感謝し、さらなる協力を求めた。沖縄本島は都市型の魅力、八重山は豊かな自然を中心とした魅力があることを意識的に説明し、差別化をはかった。それ以外に八重山観光の生き残る道はないし、意味がないと考えたからだ。感謝のつどいは今でも続いている」

―2002年には八重山ビジターズビューローが設立され、初代の理事長を12年間務めた。

「石垣、竹富、与那国の3市町の観光協会として活動していたのを、『八重山は一つ』ということでビューローを結成した。修学旅行誘致の取り組みや、3市町持ち回りの日本最南端の海開きなど、とにかく八重山らしさや特色を生かすことが大切と活動した」

―一方で観光客の増加で、島外資本の流入、土地の買い占めが相次いだ。

「1953年に宮平旅館を開業した頃、宿泊客は琉球政府の役人や米軍の兵隊、幹部、パイナップルなどを目当てとした商売人がほとんどだった。沖に泊めた船から艀《はしけ》（小舟）で港まで来る状況だった」

「79年の飛行機のジェット化以降、観光が本格化したと言える。89年の南西航空（現JTA）、エアーニッポンの2社乗り入れを機に、航空会社系のホテルが進出した。その前から島外資本のホテ

新石垣空港の開港500日前セレモニーに参加した宮平康弘さん（後列左端）＝2011年10月、石垣市美崎町

ルは増え始めていた」

「地元資本のホテルは、言い方は良くないが淘汰《とうた》された。新婚旅行ブームで軌道に乗りかけたが、オイルショックや円高ドル安といった国際社会に揺さぶられ、観光客が浮き沈みする。持ち直すと分かっていても、2～3年赤字が続くと、島内だけで補うには経営が厳しかった」

―『島の切り売り』とも言われた。

「投資は会社にとって大きな決断。島の魅力が認識されたことになる。航空機の大型化で輸送力が増えるとその受け皿をつくらなければならない。地元だけでは資本力が足りない。八重山全体から考えるとパイナップル産業が衰退し、農業も雇用力がない。観光の発展が雇用力につながる。過疎化に歯止めもかかる。そのためには島外の資本を受け入れてでも生き残る必要があったと思う」

―『南の美ら花ホテルミヤヒラ』は、地元資本の唯一の生き残りとなった。

「観光は浮草産業。2001年に小浜島が舞台となったNHKの朝ドラ『ちゅらさん』のブームの矢先、米国の同時多発テロが起き、観光客が減るなど、先を見通すのが難しいところがある。島外資本のホテルは、八重山で赤字を出しても、他の地域のホテルや別の事業で、穴埋めし、持ちこたえることができる」

「家業から企業へ転身し、次は企業群として、経済基盤を強化し、総合力を身に付ける必要があった。1983年に洗濯や部屋の清掃を請け負う太洋リネンサプライを設立。ホテルやレストラン向けの食材を販売、配送する会社など、6社、従業員220人のグループで、助け合う組織の力を構築した。リーマンショックの時、ホテルだけでは億単位の赤字になったが、乗り切ることができた」

―課題はあるか。

「八重山の総生産約1100億円のうち、600億円が観光収入。ただ、働く人の所得はまだまだ低いといわれる。全国の平均賃金が30万円、沖縄が22～23万円。その中でも観光産業は20万円に届かない。働く人が誇りを持てなければ、本当のリーディング産業ではない。観光協会の肩書から解放され、企業の収入、収益を高め、所得を上げるために、稼げる観光に力を入れてみたい」

―根強い八重山ファンは多い。

「自然や文化はもちろん、人情の輪が広がっている。庭先でお茶を勧められたことをきっかけに何十回も訪れる人がいる。落としたハンカチを届けてくれたことで交流が始まったというケースも聞く」

「『八重山ひじゅるー』といわれるが、もともとは冷蔵庫も氷もない時代に、井戸水をくんで、飲み物を冷やして出したというのが語源だ。暑い日に冷たい飲み物を出す優しい心遣いが八重山ひじゅるー。ちまたで誤解されているように『けちんぼ』という意味ではない」

―ゴルフ場建設の動きもある。

「新空港ができたことで石垣市内にゴルフ場がなくなった。一つは必要だろうといわれているが、自然を壊す形なら、ない方がいい。開発の遅れは離島の弱みと思ってきたが、逆に強みであると考えが変わってきた。自然の中にどっぷりとつかる。心のゆとりや癒やしを求める人たちにとって、何もないことも魅力だ。花、空、海を眺め、木陰でゆっくりとする。それは自然があってのもの」

―最近ではサガリバナの保護活動に努めている。

「基本は自然環境の保護。その中で魅力を高めるには花ではないか、と思う。サクラも考えたが、サガリバナは夜から朝にかけて咲く花。これを見るために、一泊しなければならない。もう一泊したい、もう一回来て、あの花を見たい。そんな魅力がある」

「星空もそう。石垣島では21の1等星すべてと、88ある星座のうち、南十字星を含めた84を見ることができる。ジェット気流の影響を受けず、満天の星空を楽しめる。そのためにもう一泊してほしい」

（特別報道チーム・福元大輔）

不条理 問い続ける

古堅実吉さん（87）

元衆院議員

ふるげん・さねよし　１９２９年７月５日、国頭村安田生まれ。沖縄師範学校男子部１年の時、鉄血勤皇隊員として沖縄戦に動員され、九死に一生を得る。関西大学法学部卒。６０年に弁護士登録。同年から立法院議員４期を務め、復帰後は県議４期連続当選。９０年に衆院議員に初当選し、３期務める。２０００年勇退。日本共産党名誉役員。

2016 年 10 月 10 日掲載

「お疲れさま。みなさんでどうぞ」。小さな体でバナナとパンを抱え、那覇市から東村高《ひがしそんたか》江《え》のヘリパッド建設に反対する市民らのテントに届けるのが毎週水曜日の恒例だ。当初、高江の子どもたちに「バナナのおじさん」と呼ばれていた。

パンは２００９年７月、バナナは10年２月から。週１回、元県議の宮里政秋《みやざとまさあき》さん（82）と一緒に、名護市辺野古《へのこ》と高江に差し入れる。

本来なら毎日通わなければと思う。でも87歳になった今、もう無理は利かない。「行って『頑張れ』だけじゃなく、感謝とおわびの気持ちを込めてね。僕の小遣いの範囲で」と語る。

国頭村《くにがみそん》安田《あだ》で生まれた。２歳の時に父が病死し、５人の子を抱えた母は借金返済のため働きっぱなしだった。官費で全て賄われると１９４４年、沖縄師範学校に進んだが戦争が迫る。２学期から授業はなくなり、陣地構築にかり出された。

沖縄戦直前の45年３月、戻っていた実家に学校から「帰校せよ」との連絡が届く。別れる時に手を握り、「必ず戻って来るんだよ。命《ぬち》どぅ宝どー！」。力のこもった母の声が忘れられない。

２等兵扱いの鉄血勤皇隊員《てっけつきんのうたいいん》として15歳で出た戦場。艦砲の破片で右足を失い、「アンマー！」と叫びながら死んだ久場良雄《くばよしお》さん。首から肩をえぐられ、即死した西銘武信《にしめたけのぶ》さん。

級友たちを目前で次々と失った。

首里《しゅり》から摩文仁《まぶに》に撤退する道中、母の死体にすがる乳児を見た。仲間と立ち止まったが、どうすることもできない。そのまま歩きだした記憶が今も胸を突く。「『仕方なかった』という気にはなれない。本当に助けられなかったのか。自分を責める気持ちはずっと死ぬまで続くでしょう」

6月22日に捕虜となり1年5カ月間、ハワイに送られた。生き永らえた命は帰郷後、米軍占領との闘いに向かう。弁護士として、沖縄人民党の立法院議員として。日本復帰後は日本共産党の県議、衆院議員になり、日米の不条理な沖縄政策を問い続けた。

勇退から16年。9月、高江で鉄条網の奥に立つ沖縄防衛局職員に「みなさん、昼夜立たされて大変だね」と語りかけた。「命令は分かるけど、ヘリパッド建設は次の沖縄戦に進む。みなさんを立たせている権力には何の道理もない。床に就く前に、少し考えてみてくださいね」。炎天下、説得の声が山あいに響いた。高江の風景は出身地・安田にそっくりだ。「だから高江を壊されるのは、故郷をやられるような気持ちになるんだよ」とつぶやく。

米軍占領下の沖縄は、県民の闘いで一つずつ権利を勝ち取った自負がある。「これ以上基地をのさばらせないためにも、手を差し伸べ合って肩を組んで。87歳になった僕だけど、まだまだへたばるわけにいかないんだ」

（社会部・磯野直）

――故郷は国頭村安田。どんな家庭で育ったのか。

「兄3人と僕、妹1人の5人きょうだい。僕が2歳の時に父の宗道《むねみち》が沖縄で大流行していた腸チフスにかかって急死し、新築の瓦ぶき家の借金がまるまる残った。母カナは、筆舌に尽くせぬ苦労をしながら僕らを育ててくれたんだ。当時、陸の孤島だった安田では山稼ぎしかない。男でも山に入るのは1日1回が体力的に限界なのに、母は2回入って山原竹《やんばるだき》を切って運んだ」

「母の苦労を見かね、僕は小学校入学前から窯に火を起こす手伝いをした。でも、まきは少しでもぬれたら火が付かない。『燃えてくれない』と一人しくしく泣いていた。母の力になれないのが悔しくてね。そんな自分の姿を、今思い出しても涙が出るんだよ。貧しい生活を支えてくれたのは、福岡県の八幡製鉄所に出稼ぎに行った長兄の秀光《ひでみつ》と次兄の昇《のぼる》の仕送りだった。2人がぜいたくもせず、せっせと送金してくれたおかげで、僕らは生きることができた」

「秀光は『実ちゃんを学校に行かせ、卒業するまでは結婚しない』と言っていたという。八幡では有名な陸上の選手だった。だが徴兵検査に合格し、入隊する前に一度安田に帰ってきた。僕が小学校5、6年生の頃だと思う。自分の思い出を僕たちに残しておきたいという気持ちがあったのかもしれない。竹でバーを作り、庭で僕と妹の香代子《かよこ》に走り高跳びをして見せてくれた。小学校の校庭にも連れて行かれ、走り幅跳びもやって見せてくれたよ。砂場を飛び越して着地するほどのジャンプ力だった」

―その後、秀光さんはどうなった。

「中国の広東で戦死した。当時は軍国主義で『百人斬り』などが称賛されるような時代だ。秀光は大舛《おおます》中尉と同じく2階級特進で、『機関銃の軍神』に仕立てられた。戦意高揚のために人間の死を利用し、国民を戦争に駆り立てる道具にしたんだね。兄の死を聞かされた時、周りは『すごい』とたたえたけれど、僕には肉親の死以上の感情はなかった。運動場に出て、一人泣いていた」

「でも、僕だって当時は軍国少年。小学2年の時、『南京陥落』で全国的に行われたちょうちん行列が安田でも行われた。先生や有志が先頭に立って、僕らも手作りのちょうちんを持って集落を1周し、所々で『南京陥落バンザイ』をやったよ。運動会では手旗信号の選手にもなった。『天に代わりて不義を討つ』なんてでたらめな歌を、一生懸命歌っていたんだ」

＊大舛中尉　大舛松市陸軍中尉（没後特進して大尉に）。1917年与那国島生まれ、43年、ソロモン諸島のガダルカナル島の凄絶な戦闘で戦死。県人で初めて、軍人最高の名誉である個人感状を授与された。県下で熱狂的な「大舛ブーム」が巻き起こり、「大舛大尉に続け」は青少年への戦意高揚の合言葉となった。

――貧しい暮らしの中で、沖縄師範学校男子部*に進んだ。

「秀光が亡くなったのは僕が安田国民学校高等科1年の時だったから、それで進学を諦めていると、担任の先生が『実吉を師範学校に行かせてはどうか』と進言してくれた。師範学校は『サナジ（ふんどし）のひもまで、むる（全て）官費』。全て賄われるから母も承諾してくれ、１９４４年４月に入学した」

――沖縄戦が迫っていた。

「入学後、次々に沖縄守備軍の兵士が入ってくる。1学期は勉強できたが、2学期は1週間もすると陣地構築に駆り出された。45年になると、学校の『1年生は親元に帰れ』との指示で戻っていた安田にも米軍機が来て、低空飛行でやりたい放題に銃撃してきた。3月14日に『帰校せよ』と連絡があり2日後に家を出る時、母が途中まで付いてきた」

「安田の人が出征する時は、近くのメージョウ川《ガー》を挟んで見送りの儀式があった。僕を見送るため、母はこの川を渡って山道を4キロほど歩き、フン川《ガー》の手前まで来て歩を止めた。僕の手を握り、『必ず戻って来るんだよ。命どぅ宝どー！』と力を込めた。何度もメージョウ川を挟んで出征兵士を見送ったが、みんな帰ってこない。母はこれが嫌で、フン川の手前まで来て僕との別れをした。親として耐えられない思いだったのだろう」

「首里の寮に着いたのは3月22日の夜。この日は年に一度の寮の分散会だった。無礼講で夜中まで楽しく過ごし、僕は母が持たせてくれた砂糖と魚の保存食を振る舞ってしまった。みんな喜んでね。1週間ぶりに布団に入って寝て起きたら、朝から大空襲が始まった。3月23日、沖縄戦に突入した日だ。空からの攻撃は十・十空襲の比ではなかった。翌日から艦砲射撃も加わり、寮にいることができず、留魂壕《りゅうこんごう》に避難した」

「でも、その時は学徒動員されるなんて思っていない。陣地構築の続きをやるぐらいのつもりだった。まさか鉄血勤皇隊**に入れられるなんて、思ってもいなかった」

—15歳で戦場に駆り出された。

***沖縄師範学校**　沖縄の戦前における県立（のちに官立）の教員養成機関。前身は1880年、日本語を教える教員の養成機関「会話伝習所」。1943年に官立専門学校に昇格、沖縄師範学校と称される。

****鉄血勤皇隊**　沖縄戦時、県内の師範学校と中等学校の14歳以上（中学2年生以上）の男子で組織された学徒隊の総称。1944年12月、第32軍司令部と県が中等学校生徒の戦力化を協議、45年3月、米軍上陸目前に組織された。戦場では、学校別に指定された部隊に入隊。陸軍二等兵として、通信、食糧運搬から切り込み攻撃を担わされた。10校の学徒1780人中、半数に当たる890人が戦死した。

「3月31日の夕暮れ、第32軍司令部から直接の命令が下り、教員を含む全校410人による鉄血勤皇師範隊が結成され、軍司令部の直属とされた。支給されたのは夏服の半袖、半ズボン、戦闘帽だけだったよ。僕らは発電係で、司令部壕の入り口にある発電機と80メートルほど離れた井戸を往復し、冷却用の水を運ぶ役だった」

「最初の犠牲者は久場良雄《くばよしお》さん。親しい先輩で、寮では同じ部屋で枕を並べる仲だった。4月21日夜、壕の外に出た時、艦砲の破片が当たって右太ももから下を失った。壕内に運び込まれて処置を受けている時の叫び声が、今も耳の中に残っている。「アンマー!」ってね。最後は出血多量だった。本当にむごくて、ショックだった」

「次に犠牲になったのは、同級生の西銘武信《にしめたけのぶ》君だった。5月4日、一緒に発電機がある場所で夜間作業をしていて、僕がくぼんだ所に降りた瞬間、近くに艦砲が落ちた。上にいた西銘君は破片で首から肩をえぐられ、即死だった」

―米軍の猛攻を受け、首里から南部に撤退する。

「5月に入ると首里城の石垣にプシュー、プシューと小銃の弾の当たる音がした。それで米軍がすぐ近くまで来ていると分かった。5月27日、僕らの班は足を負傷した級友の仲松弥盛《なかまつやせい》さんを担いで摩文仁に向かった」

「翌日、ぱんぱんに膨れ上がった女性の死体の上を、赤ちゃんがはい回っている光景を見た。おっぱいを探していたんだね。みんな立ち止まった。でも言葉一つ出ない。どうにもならない。それで赤ちゃんを助けることなく歩き出してしまった。その後どうなったかはもちろん分からない」

「沖縄戦を思い出す時、あの赤ちゃんのことが真っ先に浮かぶ。今でも『仕方がなかった』という気持ちにはなれない。なぜ助けなかったのか、本当に助けられなかったのかと自分を責めてしまう。この気持ちはずっとずっと、死ぬまで続くでしょう」

―摩文仁では米軍の猛攻撃から逃げ回り、6月18日に解散命令が出た。

「『解散し、北部に向かえ』との指示だった。19日夜、出発しようとすると師範学校の戦死者110人余の名簿を手にした野田貞雄《のださだお》校長が僕ら1年生に白米を渡し、『君たちだけでも親元に帰すべきだった。校長として、何とも申し訳が立たない。軍命に従うべきではなかった』と言った。配属将校がすぐ横にいるのにだよ。さらに『死んではいかん。これからの沖縄を背負って立たなければならぬ』ともね。心の底からの無念さがにじむ言葉だった」

「当時の皇民化教育は『玉砕しろ』。でもさ、軍国少年だった僕らでも口には出せないが、誰だって死にたくないんだよ。そんな時に校長は『生きろ』と。生きたいという気持ちを校長が認めてくれた。生きていいんだと勇気をもらった」

―そして米軍の捕虜になり、ハワイに送られる。

「22日、具志頭《ぐしかみ》に向かう途中で米兵に捕まった。屋嘉《やか》収容所から7月3日、輸送船に乗せられ、

立法院議員選挙で再選し、トラックの荷台に乗って当選お礼パレードする古堅実吉さん（右）＝１９６２年１１月１２日、那覇市内

ハワイの捕虜収容所に入れられた。ある日、隣の米軍兵舎から一斉に大喜びする声が聞こえる。通訳が来て『日本が降伏した』と告げた」

「ハワイでの1年5カ月間、情報は遮断され、沖縄の状況が分からない。家族の安否も。その時は、20歳になればまた徴兵されると思っているので、『他人の命を奪わずに済んだ。次の徴兵は監獄に入れられても応じるものか』と心に決めた。これは固く誓った」

―**46年11月、生きて沖縄に引き揚げた。**

「安田に帰ると、母と妹は生きていた。３番目の兄の武雄《たけお》は戦中に病死していたが、次兄の昇も生きていたんだ」

―**古堅さんの戦後がようやく始まる。**

「辺土名高校に転入し、50年に琉球大学に入った。でも、米軍統治の植民地大学で面白くない。学長は初代知事にもなった志喜屋孝信《しきやこうしん》さんだったが、ミシガン大教授団の言いなりで気の毒だった。しっかり学びたくて2年で退学し、51年に本土へ渡った」

―その後、関西大学に入学し、在学中に日本共産党に入党する。

「戦前、侵略戦争に命懸けで反対し続けた党と知り、55年9月に入党した。この道で最後まで、戦争のない世の中をつくるために生きようと決意した」

「卒業前に『*沖縄人民党弾圧事件』を知った。投獄された**瀬長亀次郎《せながかめじろう》さんや又吉一郎《またよしいちろう》さんが弁護を依頼しても、沖縄の弁護士は***米国民政府を恐れて全員拒否。本土の弁護士が来ようとしても渡航拒否で入れない。それで弁護士抜きの暗黒裁判になった。悲憤慷慨《ひふんこうがい》してね。沖縄に帰ったら弁護士

＊沖縄人民党弾圧事件　米軍による占領政策を批判する沖縄人民党に対し、米国民政府は人民党を共産主義として厳しく弾圧。１９５４年には、同党の瀬長亀次郎書記長（当時）や人民党初の党首となった又吉一郎豊見城村長（当時）ら30人近くの人民党員が、犯人隠匿ほう助罪などの容疑で逮捕、され一部は投獄された。

＊＊瀬長亀次郎　↓241頁

＊＊＊米国民政府　沖縄統治のための米国の出先機関。正式には「琉球列島米国民政府」。１９５０年にそれまでの米国軍政府を廃止して設立。責任者である民政副長官は57年6月から高等弁務官となる。

になって闘う決意をした」

――帰沖して56年7月に琉球裁判所職員となり、弁護士資格を取って立法院議員にもなった。

「60年11月の選挙で、人民党公認で初当選した。31歳で議員、労働運動に取り組む弁護士、人民党の書記長とどれ一つとっても大変な役職を三つ同時に担った。今思えば、よく過労死しなかったと思う」

――立法院へのこだわりが強い。

「琉球政府は米国民政府の布告・布令に従わなければならず、行政主席（知事）と上訴裁判所判事は民政府の任命制だった。政府も司法も米国の意に沿った人物にがんじがらめにされる占領政策で、立法院*だけは県民が直接選んだ議員で構成された。要求を主席に言ってもかなわない。ひどいこともたくさんあったが、県民の願いが反映されるのは立法院しかなかった」

――当選してすぐに手掛けたことは。

「61年2月の初議会で、『国政参加要請決議』を提案した。事前協議で親米与党の民主党（自民党の前身）があぜんとしていたよ。61年でもまだそんな雰囲気だった。『国会は全国民を代表する議員で構成すると日本国憲法に定められているが、沖縄代表が削られている。私たちも日本国民だよ。権利を行使しよう』と説得し、決議した」

――本土側の反応は。

「法学者でも沖縄の国政参加を困難視し、『オブザーバーなら』『表決権なしでいいなら』という話を初の選挙が実現する70年の1、2年前までやっていたよ。でも、こんな差別を認めては大変だと民主党も説得し、一緒に訴えた」

「69年、立法院代表団が東京要請行動した時、自民党の田中角栄《たなかかくえい》幹事長は『沖縄は国税も納めていない。だから国政参加はできない』と言い放った。万年不変な物はない。ましてや、政治が変わらないなんてありえない。もし妥協してオブザーバー参加だったら、こんな屈辱はなかっただろう」

「また67、68年ごろ、三木武夫《みきたけお》外相が『沖縄が核付きを認めれば、すぐにも復帰は実現する』と言った。受け入れてしまっていたら沖縄だけでなく、日本全体が核兵器を認める転換点になったかもしれない。私たちは毅然《きぜん》と拒否した。誇るべき決断だったと思う」

―米軍統治下で、保革が一致できた理由は何か。

「過酷な米軍支配で毎日辱めを受けている。そこには保守も革新もない。親米の民主党でも、時にたまらぬ思いもあったはずだ。そんな中、平和憲法と復帰を求める県民の不屈の闘いがさまざま

＊立法院　１９５２年設立の琉球政府の立法機関。米国民政府による布告・布令・指令に従いつつ立法権を行使していた。

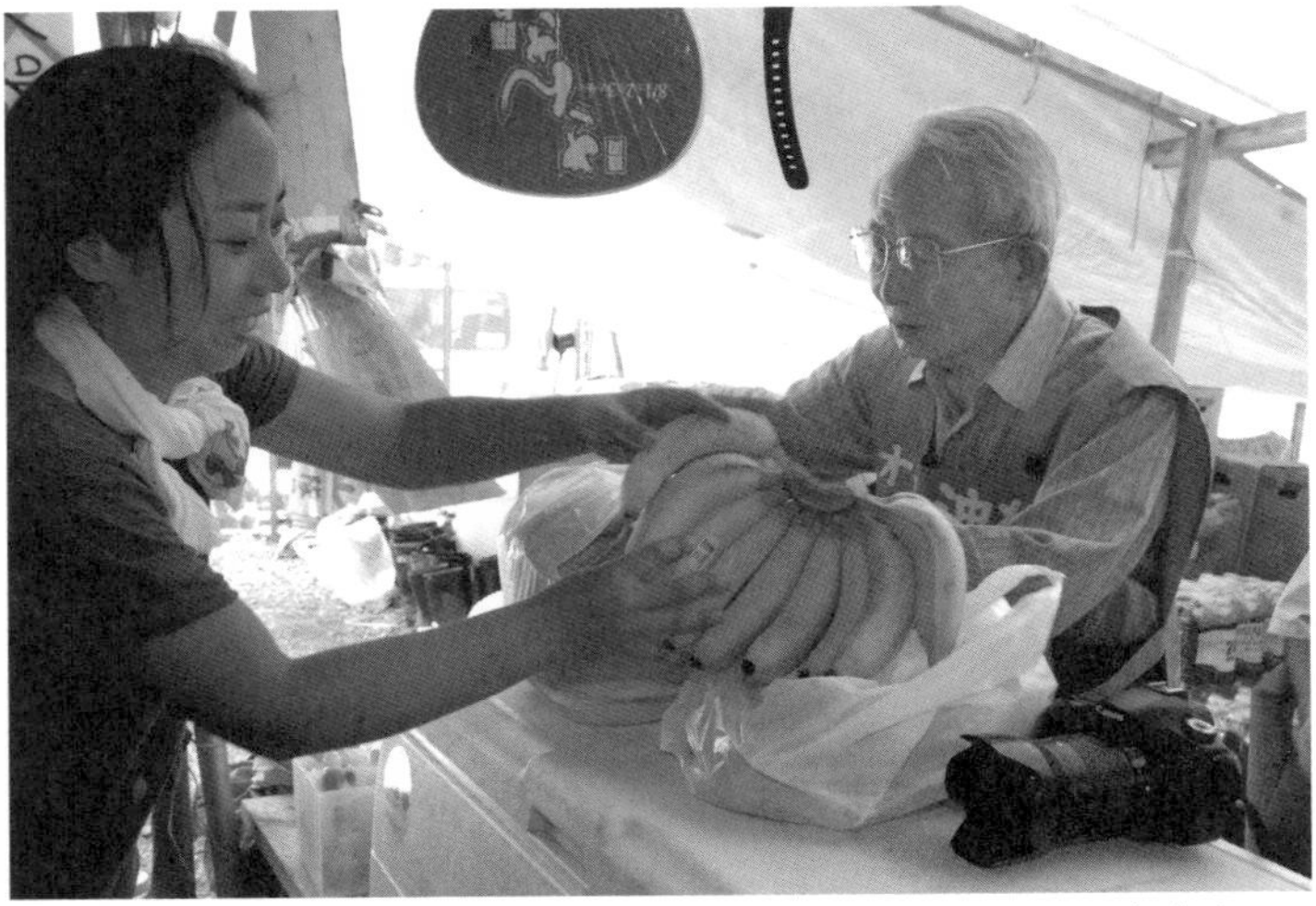

米軍ヘリパッド建設に反対する市民らのテントに、バナナを届ける古堅実吉さん（右）＝９月１４日、東村高江

な決議の原動力になった。英雄がいたわけではない。県民一人一人の力が立法院を動かしたんだ」

―復帰後、県議を経て90年2月、トップ当選で衆院議員になった。国会で感じたことは何か。

「瀬長さんの後継として『命《ぬち》かじりやる』と衆院議員になったが、米軍の事件・事故を追及すると大臣らは自ら盾になって米国を守ろうとした。日本国民として一緒に米軍をただすのではなくてね」

「戦争や占領の歴史を顧み、沖縄に一定の思いを持つ政治家が自民党にもいたことは確かだ。だが、問題の根源である日米安保条約を改める立場ではない。今は思いのかけらもなく、安保強化のためには沖縄がどうなろうと構わないという政治家ばかりだ」

「そんな堕落極まる政治に対し、軍事的植民地支配が続く沖縄の現状を、保守の人でも『これじゃいかん』と考え、最低でもオスプレイの撤去、普天間飛行場の閉鎖、県内移設の断念に向けて力を合わせよう、『建白書《けんぱくしょ》』の理念を実現しようというのがオール沖縄、翁長雄志《おながたけし》知事の闘いでもある」

―東村高江周辺の米軍ヘリパッド建設工事が政府によって強行されている。

「問題が表出した99年ごろ、すでに引退を決めていた僕は、国会にいた証しとして『高江を守れ』と訴えて終えたくてね。しっかりした知識でやろうと、師範学校で化学を教えてくれた元琉大学長の池原貞雄《いけはらさだお》さんを頼った。『北部3村の森は人類の宝だ。これ以上破壊されてはいけない』と。レクチャーではなく、心からの訴えだったよ。2000年5月の衆院外務委員会でヘリパッド反対を訴え、これを最後に勇退した」

「高江に思い入れがあるのは僕が安田出身だから。風景が全く同じなんだ。ここを壊されることは、故郷をやられるような気持ちになる」

―今、伝えたいことは。

「71年前、日本は『沖縄防衛』の名目で8万人の兵士を投入し、島全体を基地化した。人も土地も食料も根こそぎ供出させ、戦に巻き込んだ。最大の教訓は『再び沖縄戦をあらしめてはいけない』だ。なのに安倍政権は平和憲法を踏みにじり、今ある基地の維持だけでなく、今後200年も使える出撃基地を名護市辺野古《へのこ》に造ろうとする。これは正気の沙汰ではない」

「そんな政府に対し、『これ以上の基地はいらない』の一点で広く一致したオール沖縄の闘いには道理がある。沖縄の心と言っていい。これをオール日本に発展させよう。理不尽な仕打ちをされても紆余曲折《うよきょくせつ》があっても、主人公は国民だ。手を差し伸べ合って肩を組み、平和憲法の輝く日本を目指したい。87歳になった僕だけど、まだまだへたばるわけにいかないんだ。米軍占領下でもそうであったように、県民は屈しない」

(聞き手＝社会部・磯野直)

伝え続けた「沖縄」

川平朝清さん（89）

戦後初のアナウンサー

かびら・ちょうせい　1927年8月31日、台湾台中市生まれ。46年に沖縄へ引き揚げ、米軍政府日本語ラジオ放送局で戦後初のアナウンサーになる。53年、ミシガン州立大学、同大学院へ留学。57年に帰国し琉球放送英語放送局支配人、常務取締役を歴任。67年沖縄放送協会会長になり、72年にNHK経営主幹。東京沖縄県人会会長も務めた。ジョン・カビラさん、川平慈英さんの父

2016年11月13日掲載

ルーツを知ってほしい―。昨年12月、米寿祝いの記念に親子3代の家族11人で沖縄を訪ねた。米国育ちの孫もおり、琉球王朝に仕えた家系に連なる川平家のこと、沖縄の歴史と今起きていることを胸に刻んでほしい、と自ら切望した。

〝学びの旅〟に欠かせなかったのは新基地建設が進む名護市辺野古《へのこ》。海を見せながら、こう打ち明けた。「こんなに美しい海を埋め立てて大きな基地を造ろうとしている。この先200年も使われる。おじいさんは、どうしてもこれを止めたいんだ」

琉球王朝時代、日本への併合、沖縄戦、米軍統治、復帰…。先祖と自身が経験した沖縄の歴史を踏まえ、たどり着いた「思い」。孫たちも理解してくれた。感慨深い旅となった。

大正時代に一家が移住した台湾で生まれた。王朝時代の芸能を継ぐ家で、幼いころから両親の歌三線《うたさんしん》を聴き、芸能に親しんだ。旧制台北高等学校で書いた論文は伝統芸能がテーマ。その後の人生に通底する〝ウチナーンチュの誇り〟は、異郷の地で育まれた。

初めて沖縄の地を踏んだのは1946年末。目にしたのは、戦争で極限まで痛めつけられた島の姿だった。「若者が頑張っていかなければ」。気を奮い立たせ、戦後を歩み出した。

転機は米軍の日本語ラジオ放送局が開局した49年。放送局長になった兄に誘われ、戦後のラジオアナウンサー第1号に抜てきされた。戦争の爪痕が残り、娯楽に乏しい時期。

制作したラジオ番組は、住民の心と生活を潤した。

米国留学でテレビ経営論を修め、帰郷後は沖縄の放送界をリードする存在になる。娯楽番組の制作、高等弁務官インタビュー…。政治から大衆文化まで、米軍統治下の沖縄社会を電波に乗せて伝え続けた。

27年間の米軍統治は「軍事優先の強権支配で、住民には酷だった」と断じる。ただ、軍事支配にのみ焦点を当て、当時をひとくくりすることには違和感を抱く。留学で触れた米国の良心、沖縄の産業界の振興や学術研究に尽くした米国人をたたえる。

「この人たちの功績も、フェアに評価すべきだ。その人たちの思いをわれわれの思いに重ねれば、未来への力も出てくる」と説く。

復帰後、東京へ転居した後も、変わらぬ沖縄の基地問題を憂えてきた。民意を顧みず強行される新基地建設に、キャラウェイ高等弁務官の忠告を思い返す。「日本政府の二枚舌には気をつけろ」。沖縄の訴えを伝えず、むしろ米国との間に立ちはだかって沖縄の声を封じる。そう立ち回る政府に憤慨している。

「人権、主権の問題の解決を求め、沖縄の人がプロテスト（抗議）するのは正しい。政府が向き合うべきは？　当然、沖縄でしょ」

（東京報道部・宮城栄作）

――川平家はどんな家庭だったのか。

「琉球王朝第二尚氏《だいにしょうし》の王家門中《もんちゅう》『向氏《しょうし》』の家系で、父母と兄と姉が3人ずつ。一家は1924年に台湾へ渡り、私は台中市で生まれた。ほそぼそとした暮らしだったが兄たちは蓄音機でベートーベンを聴き、バイオリンを弾いていた。貧すれども鈍せず、情操豊かに育てられたよ」

「両親はよく三線をたしなんだ。台湾でも沖縄差別はあり、ウチナーグチも三線も自粛する雰囲気があった。だが父は『三線は沖縄の誇りだ』と、周囲をたしなめるほど誇りを持っていた。そんな家庭だから、沖縄のアイデンティティーを意識するようになった」

――40年、旧制台北高等学校に入学する。

「4年の時、美術論文で『沖縄と民謡』を書いた。沖縄文化を紹介しようと、おもろそうしから琉歌《りゅうか》、組踊《くみおどり》、八重山《やえやま》民謡など多彩な文化芸能の世界を取り上げた。『若者は沖縄を恥じるが、学んで誇りにするべきだ』とね。文化が沖縄のDNAを覚ましてくれた」

――17歳で動員される。

「戦争は2年生の時に始まり45年3月、学校全体が動員された。2等兵として戦車への体当たり訓練などをしていた。沖縄戦が近くなり『沖縄に出征させてください』と嘆願すると、上官は『おまえらのような弱兵を使わなくても勝てる』と一喝された。そして『おまえらを乗せる飛行機はない』『あったとしても突っ込むだけだ』と。戦力は不足し戦況悪化は明白だが、絶対に認めない。軍隊の不条理を感じた。戦争は勝てないなと予測はしていたよ」

――**生きて終戦を迎えた。**

「ほっとしたが、台湾のわれわれはどうなるのか、占領された沖縄に帰れるのかと不安になった。初めて沖縄の地を踏んだのは46年12月。家族から聞き、想像していた古里ではなかった。山肌は艦砲射撃ではげ、琉球石灰岩がむき出し。首里城《しゅりじょう》もなく、守礼門《しゅれいもん》の柱も崩れていた。落ちていた軍靴からは人骨がのぞいていたよ」

「母は『国破れて山河ありと言うが、山河も残っていないね』と嘆いていた。戦争の爪痕はすさまじく、沖縄はひどく痛めつけられていた。だからこそ若者が、沖縄のためにやるべきことがあるとも思った」

――**旧石川市《いしかわし》の東恩納《ひがしおんな》博物館で働き始める。**

「英語が話せたので雇われた。沖縄の文化財を米兵に見せ、歴史や文化を英語で説明する仕事。初期の米軍政府は民主化や教育、文化の復興を重視するエリート将校がいた。住民も好感を持ち、『解放軍』と呼んで感謝する人も多くて驚いた。その後、統治の方針は大きく変わるのだが」

――**放送の世界に入り、沖縄のラジオアナウンサー第1号になる。**

「台湾のラジオで児童演劇を放送していた兄たちのおかげ。兄の朝申《ちょうしん》は米軍が49年につくった日本語ラジオ放送局ＡＫＡＲ（後のＫＳＡＲ、琉球放送）の放送局長になり、私も誘われて22歳で初のラジオアナウンサーになった。ニュースを読み、音楽番組や朗読劇を制作し放送した。戦争体験をまとめた『鉄の暴風』の朗読の反響はすごかったよ。ラジオは住民から必要とされていると実感した」

――サンフランシスコ講和条約発効は東京で迎えた。*

「52年1月から東京のNHKアナウンサー養成所で研修した。講和条約発効の4月28日は、独立を祝う報道一色だった。ドイツや朝鮮半島のように分断されず良かったという書きぶりもあった。でも、ちょっと待てよと。沖縄、奄美《あまみ》、小笠原《おがさわら》はどうなるのか。切り離したまま主権の回復を祝うのか。沖縄が、メディアの人たちの頭の片隅にもないことにがくぜんとした」

「基地負担の多くを沖縄に負わせ、沖縄を使うだけ使う。平和運動も本土の基地には反対したが、沖縄での固定化は見て見ぬふり。本土の沖縄認識の乏しさはずっと変わっていない」

――53年から米国留学へ。

「将来のテレビの時代を見越し、ガリオア奨学資金**でミシガン州立大学（ラジオ、テレビ、ドラマ専攻）に留学した。米国の大学は個人指導も徹底し、研究室を何度も訪ねる私に、教授たちも責任を持って教えてくれた。アカデミズムの本質を見た思いがしたよ。大学院では沖縄でのテレビ局設立や経営について論文にまとめ、修士号を取った」

――米国の善意も知った。

「57年に沖縄へ帰る前、学長から『軍のためではなく、住民のために働きなさい』と励まされた。学部長も『沖縄で米軍が検閲している。けしからん。実態を報告してほしい』など、米軍統治下の沖縄の状況に理解があった。教授らの激励に米国のグッドウィル（良心）を知った。翁長雄志《おながたけし》知事は訪米し、沖縄の実情を説いている。米国の良心に訴えるのは有効で、今後も継続することは大事だ」

―妻のワンダリーさん（87）にも出会った。

「出会いは大学院時代。キリスト教の中でも平和や非暴力を重んじる宗派で、確固たる信念の女性だ。沖縄に来ても強圧的な米軍統治には批判的で、高等弁務官にも直接もの申したりした。基地

＊サンフランシスコ講和条約　１９５１年9月、米サンフランシスコで開催された第2次大戦の対日講和会議で調印された条約。52年４月28日に発効。これにより日本は主権を回復したが、奄美群島は53年、小笠原諸島は68年、沖縄は72年まで、それぞれ米施政権下に置かれた。当時、国内ではソ連、中国を含んだ「全面講和」か、両国抜きの「単独講和」かで激しい論争となり、政府は単独講和を選択した。西側陣営の一員に加わる戦後日本の道筋を決定づけた。

＊＊ガリオア奨学資金　占領地域統治救済資金。第二次大戦後、アメリカが占領地域における飢餓、疫病、社会不安などから救済することを目的とした。１９４７～54年は現物援助が主だったがその後、総合建設事業や技術協力、教育訓練などの援助も供与された。

米軍放送局で、琉球合同祭りの放送を指揮する川平朝清さん（後方）＝1959年夏（本人提供）

内の学校で社会の教師として働き、生徒が沖縄の労働組合員を『コミュニスト』と呼んだ時は『彼らは労働組合の人で、権利を主張する権利がある』と諭すこともあった。親である軍人からの抗議にもひるまない。芯の強い妻に、私も支えられた」

―57年に沖縄へ戻り、琉球放送に入社した。

「琉球放送の英語放送（ＫＳＢＫ）の支配人を経て、報道制作局長も務めた。商業放送局として軍人、軍属向けに沖縄の文化や今を伝える番組を作った」

―米軍からの検閲などはあったか。

「以前はあったようだが、私が戻ってきた頃は放送局も自主経営になる時代で露骨な検閲はなかった。ただ、『*瀬長亀次郎《せながかめじろう》のことは報じるな』とは言わないが、『彼の言うことはうそだ』と伝えてくる。放送するなではなく『長々とやるな』というニュアンス。彼らは『聴いているぞ』とにおわせるため、米側が嫌がることは自己規制する雰囲気もあった。それでもしっかり報じていたと思う」

―取材した高等弁務官で印象に残っているのは。

「やはりキャラウェイ**。有名な自治神話論《じちしんわろん》を含め、毀誉褒貶《きよほうへん》の多い人だった」

―63年3月5日の「自治神話」演説も目前で聞いた。

＊瀬長亀次郎　1907～2001年。米軍の圧政に屈しない不屈の闘士として知られ、「カメさん」の愛称で親しまれた政治家。立法院議員、那覇市長、衆議院議員などを務める。54年、米軍の沖縄人民党弾圧事件（↓227頁）で投獄。出獄後、56年の那覇市長選で当選したが、那覇市への補助金打ち切りや融資停止、預金凍結などの措置に遭い、さらに追放、被選挙権をはく奪された。那覇市政をめぐる米軍との攻防は沖縄の復帰運動へののろしとなったとされる。

＊＊キャラウェイ　1905～85年。第3代琉球列島高等弁務官。61年2月～64年8月までの任期は歴代弁務官で最長。絶対的な権限をバックにした施政は「直接統治」「布令政治」と評された。金融界を粛清、離日政策の推進などその統治は「キャラウェイ旋風」として内外に大きな波紋を巻き起こした。63年3月、米国留学帰還者の親睦団体「金門クラブ」の定例夕食会で「沖縄住民による自治は神話に過ぎない」と発言した。

「琉球人来朝行列図」（1850年）に描かれている祖父・朝彬さんの図を指し、一家の歴史を語る川平朝清さん＝横浜市青葉区の自宅

「行き過ぎた発言で問題になると思った。彼は軍人だが弁護士でもあり、法に厳格であった。『沖縄が完全な自治を獲得するには独立しかない』『復帰しても一県になるだけで、完全な自治権はない』と言いたかったのだろう。沖縄の法的地位や、自らの権限も熟知していた。法に厳格であるが故に、絶大な権限を持つ異民族の軍人であるとの認識が欠けていた。能力ある統治者だが、政治家としての度量は足りなかった」

―忠告もあった。

「彼なりに沖縄のことも思っていた。日本政府高官と面談した時、キャラウェイが住民の姿勢について苦言を漏らすと、『無能なやつらにがんと言ってやれ』と返した。彼はこの高官を批判し、日本人の二枚舌に怒ったと私に話してくれた。住民には『沖縄のために援助したい』と言う一方で強圧的な姿勢を持ち、同胞を無能呼ばわりする。キャラウェイに『日本政府の人間は、自分と沖縄の人の前とでは言う言葉が違うぞ。気を付けろ』と忠告された」

「今の政府と沖縄の関係にも当てはまる。『沖縄に寄り添う』と繰り返すが反対の民意は一顧だにせず、基地建設を強行している」

―米軍統治の評価は。

「超大国の悪い面が露骨に出た。当初、沖縄を民主主義のショーケースにするとの考えもあったが変質し、軍事優先の強権支配になった。土地闘争や人権問題など、住民には過酷だった。『沖縄人をないがしろにするな』と、もっと強く報じることもできたのではないかと反省もある」

―66年に琉球放送常務、67年にＯＨＫ（沖縄放送協会）会長となり、復帰を迎える。

「復帰に希望は持っていた。日本政府が基地の整理縮小に努め、問題を解消すると期待した。71年の毒ガス移送*も生中継したが、復帰すればこんな問題もなくなる。主権を行使し、基地内での環

＊毒ガス移送　1969年、米軍知花弾薬庫で毒ガス漏れ事故が発生。県民の反発を受け、米国は大量の毒ガス兵器の移送を決定。マスタードガスやサリンなど1万3千トン余りの毒ガスを同弾薬庫から現うるま市の天願桟橋まで輸送する作戦を立て、71年1月～9月に実施した。同作戦は「レッドハット作戦」と呼ばれる。

境調査も可能になると考えていたが結局、完全に裏切られた。復帰で日本は施政権の『名』を、米国は基地の自由使用という『実』を取った。住民生活、社会インフラは大きく改善したが過重な基地負担は変わらず、主権や人権の問題は残ったままだ」

―復帰を境にNHK経営主幹となり東京へ移った。

「上京前、兄の朝申から『ウチナーヤマトーンチュになるなよ』と念を押された。上京後、すぐに東京沖縄県人会に入り、沖縄出身者とつながった」

「県人会では2007年から5年間会長を務め、沖縄戦*の記述を巡る教科書問題の時は会として国に検定意見撤回を求めるアピールも出した。本来、県人会は親睦の場だが、沖縄を支援するために政治的な問題へも踏み込まざるを得ない不幸な立場だ。平和な郷土づくり、基地の縮小撤去を含む平和事業を会則に位置付けている。会則が変わらず残っているのは、沖縄問題が解決していない証拠だ」

―辺野古を巡る沖縄と政府の対立をどう見るか。

「アイロニカル（皮肉）な言い方だが、安倍晋三首相に期待している。これだけ強い政権だから、海兵隊基地の拡張を止められる。安倍さんは同盟深化と言うが、必要なのは同盟の安定化だ。翁長知事は辺野古新基地に反対だが、日米安保は容認し、嘉手納《かでな》基地などの当面の安定運用で多くの県民の合意を取り付けたと言える。新基地の強行でこのコンセンサスを崩せば、そのほかの基地の安定運用にも影響し、同盟深化どころではなくなる。基地の拡張を止め、同盟安定化を重視する方が得策だ」

―沖縄では海兵隊撤退を求めるようになっている。

「専門家も指摘するように、在沖海兵隊の撤退は可能だ。抑止力では嘉手納の空軍がより重要だ。中国の脅威のみあおるのは正しくない。米国は中国と戦火を交える意図はないだろう。危機をあおって、米軍を頼りにする日本をあざ笑っているはずだ。海兵隊を沖縄に引き留めておきたいのは日本側で、米国ではない」

―伝えたいことは。

「新基地はいらない、でまとまる『オール沖縄』の方向性は正しい。途上だから『オールモスト・オール沖縄』だが人権、主権、誇りを取り戻す訴えを続けなければならぬ。海外世論にもアプロー

＊沖縄戦の記述を巡る教科書問題　２００８年度から使用される高校日本史教科書の検定過程で、教科書検定審議会は06年12月、沖縄戦の「集団自決」に日本軍の強制があったとする記述は「誤解を与えるおそれがある」との検定意見を付け、教科書会社が記述を削除し、検定に合格した。これに対し、県民からは史実歪曲としてさまざまな抗議・要望がなされた。

チし、理解を広げるべきだ。私も機会あるたびに発言していきたい」

（聞き手＝東京報道部・宮城栄作）

文化の力 胸に刻む

上原美智子さん（67）

染織家

うえはら・みちこ　1949年9月1日、那覇市生まれ。71年玉川大学（短大）卒業。同年東京の柳悦博氏（民芸運動創始者の柳宗悦のおいで染織家）の元で織物を始め、74年に帰郷し、大城志津子氏（県指定無形文化財保持者、後に琉球大学と県立芸術大学で教授を務める）に師事。79年まゆ織工房設立。細い糸で織った作品を「あけずば織り」として発表。国内、英国、オーストリア、オランダ、パリなどで個展。他グループ展多数。

2016年11月27日掲載

蚕が吐き出した、そのままの糸で織った織物。手のひらに乗せると、触れているかさえ曖昧だ。着物が60～70本の糸をより合わせた太さ２００デニール前後の糸で織られていることを考えると、３デニールというその細さに驚く。

「沖縄をつくる、ではなく、沖縄でつくる、というのが私にとって重要なの」。人が生み出す工芸には、その人が生きる社会状況が反映されるという。細い糸で織りなす「あけずば（沖縄の古語でトンボの羽）織り」は「沖縄の上原美智子」の代名詞として世界中に発信されている。

１９４９年、ペルー帰りの県系3世の母と獣医師の父の次女として那覇市に生まれた。11歳年上の兄はウルトラマンの脚本で知られる金城哲夫《きんじょうてつお》。沖縄戦で左足を失った母は、父の事業の失敗を機にすき焼き専門店を始め、休む間も惜しんで働き繁盛させた。店の片隅で、義足を枕にして休む姿を覚えている。移民、沖縄戦、混乱の戦後を沖縄の人がどれほど一生懸命に生きてきたかを、母を通して見てきた。

69年、進学のため安保闘争の渦中にある東京へ。それまで強く意識しなかった沖縄の文化や言葉、歴史の本土との違い、そして、米施政権下で人権が踏みにじられている現状が、はっきりと見えてきた。大都会に対する「微妙な劣等感」を抱えつつ、復帰すれば沖縄に自由平等が実現すると信じ、デモの隊列の中で拡声器のマイクを握った。

もっと沖縄を知りたい。そんな時出合ったのが、民芸運動の粋を集めた日本民藝館に堂々と存在する沖縄の織物や陶器だった。「沖縄にはこんなに素晴らしい文化の底力がある」。大都会に対する気後れは、沖縄を誇る気持ちへと変わった。ものつくりになって生涯、沖縄と関わっていこうと決めた。

2人の師から素材の大切さと沖縄の伝統的な織物を学んだ。伝統と現代のはざまで模索する仲間と学び合い、娘3人を産み育てながら自分だけの織物を追求した。沖縄らしく、それでいて軽やかに舞う布―そんな思いを込め「あけずば織り」と命名した。

「伝統の中から変えてもいいものを次の世代が拾ってその時代に引きつけ、新しいものを生み出すのが文化の底力。そのつながりを断つ戦争は、悲惨よね」

琉球の時代から現在に続く、人間の尊厳を守るためのウチナーンチュの闘いは「沖縄の財産」だと語る。その財産を学んだことが「沖縄の織物作家」としての自信になっている。

「政治、経済、文化、福祉…それぞれの分野で人間の尊厳の表現の仕方は違っても、それぞれが誇りと自負を胸に、沖縄の、この時代に立っている。そんな沖縄がいとおしくてならないの」。

（調査部・城間有）

―どんな子ども時代を過ごしたか。

「1949年、那覇市の与儀《よぎ》で生まれた。父親が琉球政府の獣医師をしており、今の与儀十字路周辺には畜産や養蚕の試験場があった。二つ上の兄と缶を提げてヤギのミルクをもらいに行ったり、養蚕試験場に行ってはカイコを鼻の上にはわせて遊んでいた」

―ウルトラマンの脚本を手がけた金城哲夫氏が兄だ。

「哲夫は11歳年上で、私が小学校に上がるころにはすでに上京していた。休みに『ジェーン・エア』などいろんな本をお土産に持ってきてくれる大きなお兄さん、という感じだった。母はペルーで生まれた県系3世。戦前、4歳の時に母の祖父と一緒に沖縄に来た。女学校を卒業し、南風原《はえばる》出身の父と結婚。戦時中は父は獣医師としてビルマ戦線に5年間。母は沖縄戦が始まってすぐに左足をけがし、南風原陸軍病院で切断された。そのまま戦場に放り出され、姉を連れ、文字通りはって逃げたそうだ。姉は戦後、赤痢にかかり7歳で亡くなった」

「母はゆーはたらちゃー（働き者）だった。私が小学校1年生の時、父が貿易の事業に失敗。母は父に言われ『何で女学校まで出た私が水商売を』と泣く泣く牧志《まきし》で『かどや』というすき焼き専門店を始めた。だが、それが大当たり。米軍の将校や銀行の頭取の宴会がひっきりなしにあって、母は働いて働いて。私も配膳や皿洗いを手伝った。しかし哲夫が自主制作した映画『吉屋《よしや》チルー物語』にお金が出ていき、膨大な借金となって残った」

「父は三線《さんしん》や舞踊が好きで、沖縄の文化に誇りを持っていた。だから（ウチナーグチで琉球の歌人の生きざまを描いた）『吉屋チルー物語』の制作を援助したのではないか。父が奇想天外な発想も許したから『金城哲夫』があったのだと思う。父と兄は、夢のためなら出費を惜しまないスケールの大きさがあった。でもそれは片足の母が苦労して支えてきた」

―沖縄への関心はどのように膨らんだのか。

「那覇高校を卒業するまでは、沖縄を強く意識することはなかった。1浪して東京に出て、短期大学で幼児教育を学び始めたが、同級生はみんな国費で進学しており、落ちこぼれた自分を受け入れられず暗い青春だった。洗練された都会の中で、沖縄の言葉や生活習慣にも微妙な劣等感があった」

＊琉球政府　1952年に発足し、72年の本土復帰により廃止。米国統治下で琉球列島を統轄した沖縄住民側の中央政府。戦後の沖縄における自治機構で、立法・行政・司法の3機関を備えた。

＊＊金城哲夫　↓147頁

＊＊＊吉屋チルー物語　琉歌人・よしやにまつわる伝説。よしやは恩納なべと並び称される女流歌人で、幼いとき遊郭へ売られ、ある男と恋仲になるがそれも裂かれ、18歳で死んだという。金城哲夫が24歳の時に撮った、映画『吉屋チルー物語』は、よしやの生きざまと悲恋をしまくとぅばとモノクロの映像で豊かに表現した。

「東京は70年安保の学生運動が盛んで、沖縄の『返還』も注目を集めていた。米軍の車に沖縄の人がひき殺されても保障されない、自治が許されない沖縄の社会状況や歴史について東京で学び、沖縄を意識するようになった。復帰すれば沖縄に自由平等が実現するのではないかと希望を抱き、デモにも参加した」

―その時に織物をしようと決めた。

「まだ沖縄を知らない、もっと知りたい、と思っていたところ、美学の先生に、日本民藝館に沖縄の物がたくさんあるから見てみたらどうか、と勧められた。民芸運動の息吹が残る美しい空間に引けを取らず、堂々と存在する沖縄の織物や陶芸を見て、文化の底力を感じた。沖縄にこんなに素晴らしいものがあるんだ、と誇りをくすぐられた。週に1回通って、身を浸すようにして見た」

「沖縄ともっと深く関わりたいと思い、ものつくりになることでその思いが実現できると思った。陶芸ではなく織物を選んだのは、世界中の女性が昔から家の中で子育てをしながらやってきた仕事だから。その力強さにひかれた」

―卒業してから修業した。

「東京の柳悦博《*やなぎよしひろ》先生の工房で糸作りから教わり、素材の大切さを知った。74年に沖縄に帰り、大城志津子《おおしろしづこ》先生の工房で1年半勉強した。大城先生は『沖縄の染織をよみがえらせたい』というものすごい情熱を持っておられた。戦争で失ったものの大きさを知っている人たちの無念さ、喪失感、それを復活させるんだ、という熱意を受けとったような気がする。だが実際仕事を始めるとき、私は伝統という幹から違う枝を出したい、自分らしいものを作りたい、と思った」

―3人の娘を育てながら仕事を続けた。

「結婚してからは部屋に機を置いて、トイレの片隅にガスボンベを置いて糸を染めていた。年子で次女が生まれてからは授乳して、オムツを洗って、の繰り返しで一日が終わる。自分探しを経てやっと見つけた仕事、培ってきたものがこのましぼんで枯れてしまうのでは、という恐怖心があった。機をたたんだら終わりだな、と思った」

「意を決して父と公庫から借金し、79年に工房を開いた。しかし1歳と2歳の年子を抱えながらの仕事は限られる。月6万円の返済計画だった1万円も返せない。とにかく必死。何が何でも織らなきゃ、と。でもそうして手を止めなかったのが良かった」

―「自分の織物」をどう見いだしていったのか。

「82年に多和田淑子《たわだよしこ》さん、長嶺亨子《ながみねゆきこ》さん、長嶺裕子《ながみねひろこ》さんと4人で3工房展をやった。その動きに(琉球和紙を再興した)勝公彦《かつきみひこ》さんが注目してくれ、宮平初子《みやひらはつこ》工房の5人と大城志津子工房の5人

***柳悦博**　1917~95年。染織家。民芸運動の中心人物だった柳宗悦の甥(おい)にあたる。植物染を用いた織物を追求し、兄・悦孝とともに国画会工芸部の染織を牽引(けんいん)した。

蚕がはき出したままの糸で織った作品

が出品し、東京の有楽町西武で『ぬぬぬ（布の）会』として展覧会を開いた。当時は若手の工芸家が展覧会を開けるような雰囲気ではなく、苦節何十年でようやくできるもの、という感じ。先生たちはいい顔をしなかったが、私たちは東京で成功したことで、自分たちにも発信できる力があると自信をつけた。伝統的な技法を生かしながら自分だけの作品を展開し、作ったものを見てもらい、買ってくれたらありがたい、プロになりたい、という思いがふくらんだ」

「また石垣昭子《いしがきあきこ》さんと真喜志民子《まきしたみこ》さんが中心となった『ファブリケーション（布との対話）』という展覧会は、（民子さんの義弟で建築家の）真喜志好一《まきしよしかず》さんの自宅でブティックのオーナーがディスプレーを担当するなど、会場も展示方法もハイセンスで前衛的だった。80〜90年代は、30代の作家を中心に沖縄の工芸界に大きなうねりが起きた時代。高い技術を持った仲間と展覧会をすることで自分が要求され、自分の道を確認することができた」

―どうして細い糸で織ろうと思ったのか。

『あけずば織り』を始めたのは86年ごろ。時代を感じるモダンなものを織りたいと、服地やタペストリー、ブラウス生地、ショールなどを織っていた。そうしているうちに、石垣島《いしがき》で糸をつくっていた志村明《しむらあきら》さんから大城工房に27デニールという細い絹糸が届いた。『この細い糸で織ったらどうなるのだろう?』という好奇心が始まり。それからが試行錯誤。約束事通りに染色しようと思っても、熱で糸がぼそぼそになった。もったいないからと糸巻きしたら、ひとくだ巻くのに一日かかって。夫（画廊沖縄代表の上原誠勇《うえはらせいゆう》氏）は、お金にならないことに対しもたもたしている私に腹を立て、しばしば衝突した。夫も画廊を経営しながら必死だったと思う」

「それでも、自分の織りたいイメージが漠然とあったのだと思う。人間がふるえるように感動する時がある。そういうものを作れたらいいな、と」

―2006年、蚕がはき出したままの1本で織った。

「細いもの、白いものを織っているうちに空気のような織物を織りたいと思った。群馬県のある蚕糸家が『まゆ1個からでも糸をつくれはするが、織る人がいなければつくる意味がない。織りますか』と提案してくれた。1本の糸って何? 織ってみたらどうなの? 見てみたい、という好奇心と自然に対する恐れで引き受けた」

「まゆ8個を使って幅40センチ、長さ3メートル50センチほどになる。2カ月半、わずかに見える糸を指の感触で確かめながら、神経をすり減らすようだった。織る時間より切れた糸を結ぶ時間

ヨーロッパでの個展に出品する作品を制作する上原さん＝2010年

の方が長かったかもしれない。まるでカイコになったように自我を忘れ、ひたすら織る。そういう世界だった」

「織り上がった作品からは、物質性とは何かとか、自然に対する愛着、恐れ、自分もその中の一部だという感覚も生まれてきた。人類の知恵と、美しいものをつくりたいという欲望の片鱗《へんりん》を味わったような気がした。これを普通の生活をしながらやってきたというのが私の誇り」

—いわゆる「沖縄らしい」織物ではない。

「沖縄をつくる、のではなくて沖縄でつくりたい、という気持ちがある。作品が沖縄らしくない、と否定されてもいい。沖縄という場でものを作るということは、沖縄の社会を考えるということ。沖縄で考え、作る人がいる。その仕事にはきっと、沖縄の時代と社会が反映されている。沖縄に軸足を置いて世界で通用するものを作りたい」

—その軸足を支えるものは何か。

「戦争で沖縄が失ったものは大きかった。しかしアメリカ世になろうがヤマト世になろうが、人間の精神、琉球人としての誇りは滅びず受け継がれてきたと思う。沖縄の先人は自由平等の実現という理想を求め、琉球の時代から何百年もあらがってきた。どんなに小さかろうが端っこにいようが、人間の尊厳を持ち続け、闘ってきた。その精神性こそが沖縄の財産。私にとっては、それを学んだことが自信になっている」

―沖縄の染織の現状をどう見るか。

「沖縄は小さな島だが、歴史と社会の影響を受け、素晴らしいものが濃密に詰まっている。それを取り出し、分解して、今という時代の形に置き換えて見せるのがものつくりの喜びであり、役割だと思う。今は色のセンスも良くなったし、新しいデザインも出ているが、人がものを生み出すことの意味、喜び、エネルギーのようなものをもっと見たい。私たちが80～90年代に経験したような時代の色合い、ムーブメント、うねりが今、工芸、美術の分野であまりない、という気がする」

「今年、タイで開かれたＡＳＥＡＮ各国の染織家の展覧会の審査員を務めた。かつて琉球の時、祖先が行き来していた東南アジアの国々と沖縄を、日本を経由せずに直接結べると感じた。伝統と現代という共通の課題を抱える東南アジアの作家と沖縄の作家が交流する機会をつくり、次の世代の人たちが染織文化のイメージを膨らませ、自分の足元の豊かさを確認する手助けをしたい」

（聞き手＝調査部・城間有）

〈付録〉

戦後沖縄略年表

＊巻末の参考文献から、沖縄タイムス出版部の責任で作成している。
＊本文注釈で取り上げた事項については当該ページを示している。また、本文中に事項への感慨や評価がある場合引用している。人名はすべて敬称略。

1945年

1月31日　島田叡知事着任
3月26日　米軍、慶良間諸島に上陸
4月1日　米軍、沖縄本島中部に上陸
8月20日　石川に沖縄諮詢会設置（委員長・志喜屋孝信）
9月7日　日本軍、嘉手納で無条件降伏文書に調印
9月20日　16地区で市会議員選挙実施。25日には市長選挙。初めて婦人参政権付与

10月31日　各収容所から旧居住区への帰村開始

1946年

1月29日　GHQ覚書により北緯30度以南の南西諸島は日本から行政分離
4月22日　沖縄中央政府創設。24日に知事に志喜屋孝信を任命。12月1日に沖縄民政府と改称
6月5日　米軍物資、無償配布から有償配布になる

1947年

3月21日　宮古・八重山支庁廃止、民政府と改称
3月22日　米軍政府、沖縄全島にわたり昼間通行を許可
9月7日　アーニー・パイル国際劇場落成
10月24日　米国から沖縄救済乳用ヤギ１９４頭到着（ララの山羊）
11月17日　那覇のガーブ川氾濫

1948年

4月　この月、首里に美術村が形成
5月1日　琉球銀行設立（株の51％は米軍が保有）
7月1日　「沖縄タイムス」創刊
7月1日　琉球切手発行

9月27日　ハワイの沖縄県人が送った豚550頭が到着
11月1日　企業の自由取引実施

1949年

3月19日　日本政府、本土から沖縄への旅券発行を開始
7月2日　第1回沖展開催
7月23日　グロリア台風襲来。死者38人
8月　本土―沖縄間の渡航、許可制となる

1950年

1月20日　日本語放送局AKAR（琉球放送）が開局

「兄の朝申は米軍が49年につくった日本語ラジオ放送局AKAR（後のKSAR、琉球放送）の放送局長になり、私も誘われて22歳で初のラジオアナウンサーになった。ニュースを読み、音楽番組や朗読劇を制作し放送した。戦争体験をまとめた『鉄の暴風』の朗読の反響はすごかったよ。ラジオは住民から必要とされていると実感した」（川平朝清→237頁）

2月10日　沖縄に恒久的な基地の建設を開始とGHQが発表
5月22日　琉球大学開学

AKARの放送風景＝1950年5月ごろ

8月15日　『鉄の暴風』発刊
11月1日　民間貿易開始
11月4日　公選知事による4群島政府が発足（沖縄、奄美、宮古、八重山）。議会発足は13日
12月15日　琉球軍政府を琉球列島米国民政府（USCAR）と改称　↓227頁

1951年

1月5日　群島政府、移民計画策定
1月10日　朝鮮戦争のため、米軍、灯火管制を敷く
4月1日　琉球臨時中央政府発足。行政主席に比嘉秀平
7月10日　仲宗根政善著『沖縄の悲劇―姫百合の塔をめぐる人々の手記』発刊
9月4日　サンフランシスコ講和会議開催。8日、対日講和条約と日米安全保障条約が調印される

1952年

3月2日　第1回立法院議員選挙実施　↓229頁
「琉球政府は米国民政府の布告・布令に従わなければならず、行政主席（知事）と上訴裁判所判事は民政府の任命制だった。政府も司法も米国の意に沿った人物にがんじがらめにされる占領政策で、立法院だけは県民が直接選んだ議員で構成された。要求を主席に言ってもかなわない。ひどいこともたくさんあったが、県民の願いが反映されるのは立法院しかなかった」（古

堅実吉 ↓228頁）

4月1日 琉球政府発足 ↓251頁

4月28日 サンフランシスコ講和条約が発効。日本は独立回復 ↓239頁

「講和条約発効の4月28日は、独立を祝う報道一色だった。ドイツや朝鮮半島のように分断されず良かったという書きぶりもあった。でも、ちょっと待てよと。沖縄、奄美、小笠原はどうなるのか。切り離したまま主権の回復を祝うのか。沖縄が、メディアの人たちの頭の片隅にもないことにがくぜんとした」（川平朝清 ↓238頁）

8月19日 第1回戦没者慰霊祭を琉球大学校庭で開催

1953年

1月15日 映画「ひめゆりの塔」沖縄で上映

4月3日 米民政府が土地収用令を公布。軍用地の強制収用続発。7月には伊江島土地闘争起こる

10月12日 日本―琉球間の無線電話開通

12月25日 奄美諸島が日本復帰

1954年

1月7日 アイゼンハワー米大統領、一般教書で沖縄基地の無

映画「ひめゆりの塔」は連日満員札止め

期限保有を宣言
3月17日　米民政府が地代一括払いの方針を発表
4月30日　立法院が土地を守る4原則を盛り込んだ「軍用地処理に関する請願」を決議
6月19日　第1次ボリビア移民出発
10月6日　人民党事件起こる（瀬長亀次郎ら23人逮捕）↓227頁
「卒業前に『沖縄人民党弾圧事件』を知った。投獄された瀬長亀次郎さんや又吉一郎さんが弁護を依頼しても、沖縄の弁護士は米国民政府を恐れて全員拒否。本土の弁護士が来ようとしても渡航拒否で入れない。それで弁護士抜きの暗黒裁判になった。悲憤慷慨してね。沖縄に帰ったら弁護士になって闘う決意をした」（古堅実吉↓227頁）

1955年

1月13日　朝日新聞が「米軍の沖縄民政を衝く」掲載
3月11日　米軍、伊佐浜で武力による土地接収を開始
9月3日　米兵による6歳の幼女暴行殺害事件が起こる
10月23日　プライス調査団来沖。軍用地問題を調査

1956年

6月9日　プライス勧告の骨子発表。土地を守る4原則を否定

6月20日　プライス勧告反対・軍用地4原則貫徹住民大会が56市町村で開催。島ぐるみ闘争へと発展

10月25日　比嘉秀平主席が急逝。11月1日に当間重剛が新主席に任命される

12月25日　那覇市長選挙で瀬長亀次郎当選。27日から米民政府は市の銀行預金を凍結、都市計画融資・補助を中止する

1957年

7月4日　モーア中将、初代高等弁務官に就任

10月　米民政府の住民向けPR月刊誌「今日の琉球」創刊。創刊部数1万5千部で各市町村に無料配布

12月17日　那覇市・真和志市が合併

1958年

8月9日　甲子園初出場の首里高校が惜敗。記念に持ち帰った甲子園の土は検疫で沖縄に持ち込めず港で廃棄された　→39頁

10月15日　守礼門復元落成

11月3日　土地問題に関する現地折衝で、原則的に意

海中へ捨てられた甲子園の土

見一致とする琉米共同声明発表

1959年

5月1日　琉球電信電話公社発足
6月30日　石川市宮森小学校に米軍ジェット機が墜落
10月5日　沖縄自由民主党結成。21日米民政府は大田政作を新主席に任命
11月1日　沖縄テレビ開局。テレビ放送の開始

1960年

4月28日　沖縄県祖国復帰協議会結成　↓97頁
5月24日　沖縄各地にチリ津波襲う
6月19日　アイゼンハワー米大統領が来沖。阻止デモにあい予定変更して帰米（アイク・デモ）

1961年

1月18日　沖縄大学設立認可
2月16日　キャラウェイ高等弁務官着任　↓241頁
3月13日　米空軍、4カ所のメースB基地建設を発表
5月21日　初のプロ野球公式戦開催（西鉄－東映）

1962年

2月1日　立法院が「施政権返還に関する要請決議」（2・1決議）可決

3月16日　高等弁務官、マラリア根絶を発表

3月19日　ケネディ新政策発表。「沖縄は日本の一部」と認め、大幅経済援助を約束

6月1日　米人向け風俗営業にAサイン制実施

1963年

2月28日　国場君轢殺事件。5月1日、米兵に無罪判決

3月5日　キャラウェイ高等弁務官、「自治神話」演説

「有名な自治神話論を含め、毀誉褒貶の多い人だった」（川平朝清　↓241頁）

「行き過ぎた発言で問題になると思った。彼は軍人だが弁護士でもあり、法に厳格であった。『沖縄が完全な自治を獲得するには独立しかない』『復帰しても一県になるだけで、完全な自治権はない』と言いたかったのだろう。沖縄の法的地位や、自らの権限も熟知していた。法に厳格であるが故に、絶大な権限を持つ異民族の軍人であるとの認識が欠けていた。能力ある統治者だが、政治家としての度量は足りなかった」（川平朝清　↓242頁）

4月28日　祖国復帰県民総決起大会で初の海上集会

「65年4月28日の朝、27度線の海上で大会を行い、終わると自動車で那覇の県民大会に

合流した」(吉元政矩　→97頁)
4月30日　国頭村奥・安田道路開通で全島一周線完成
8月13日　全国高校野球大会で首里高校が初の1勝
8月17日　久米島定期航路みどり丸遭難。死者112人

1964年

8月1日　キャラウェイ高等弁務官更迭
9月7日　東京オリンピックの聖火が那覇着
10月31日　立法院臨時議会、主席指名を強行。高等弁務官、指名された松岡政保を主席に任命

1965年

4月9日　住民祝祭日を改正。憲法記念日を追加し、慰霊の日を6月22日から23日に改める
6月11日　米軍機が投下したトレーラーが小学生女児を圧殺
7月29日　嘉手納基地からB52爆撃機がベトナムへ出撃
8月19日　佐藤栄作首相が来沖(戦後初の総理大臣来沖)。「沖縄の祖国復帰が実現しない限り、わが国の戦後は終わらない」とステートメント
10月15日　主席公選要求署名運動始まる

初の海上集会

1966年

2月25日　那覇市久茂地に少年会館オープン
6月16日　移送裁判問題起こる（友利・サンマ裁判が米側裁判所へ移送）
7月1日　琉球大学が政府立に移管
10月5日　自衛隊が初めて来沖、那覇市内をパレード
11月3日　琉球政府立博物館開館

1967年

2月24日　教公二法阻止で2万人余が立法院を包囲
5月4日　「燃える井戸」事件発生
7月21日　大城立裕の「カクテル・パーティー」が芥川賞受賞。県内初
9月16日　パスポートの国籍表示が「琉球人」から「日本人」へ
10月2日　沖縄放送協会（ＯＨＫ）発足

1968年

3月1日　日米琉諮問委員会が初会合
4月29日　祖国復帰要求県民大会に10万人余が集まる
8月21日　興南高校、全国高校野球大会で準決勝に進出（興南旋風）

11月10日　初の主席選挙実施。屋良朝苗が当選
11月19日　嘉手納飛行場でB52が離陸に失敗し、爆発炎上

1969年

1月31日　屋良朝苗主席が2・4ゼネストの回避を申し入れ
4月28日　全国で「沖縄デー」開催
6月5日　全軍労が全面24時間ストに突入。米軍は着剣武装しピケ排除
7月8日　知花弾薬庫内で毒ガス漏れ事件　↓243頁
8月4日　中央高校、インターハイのボクシングで全国制覇
11月17日　佐藤栄作首相がニクソン米大統領と会談。72年の沖縄返還で共同声明発表
12月4日　米軍が基地従業員の大量解雇を通告（2400人）

1970年

3月3日　復帰準備委員会発足
11月15日　国政参加選挙実施
12月20日　コザ騒動発生　↓15頁
「当時、僕は胡屋十字路近くの地下駐車場に車を止めていた。その車は父のもので、黄色のナンバー。飲食店にいたが、表が急に騒がしくなったので外に出ると、外国人車両が焼き打ちに

あっていた。大変だと、すぐに運転して自宅に戻った」「朝になって現場に行くと、催涙ガスの臭いが充満していた。逃げるのが遅ければ、死んでいたかもしれない。米軍統治下で、米兵が事件事故を起こしても被害者が泣き寝入りしていた時代。もし、被害者が自分の家族だったらと考えると怒りが爆発する。ただ、ほかの方法もあったと思う」（ジョージ紫　↓15頁）

「後から新聞を読んでこれは大変だと。米軍人の事件事故、米軍施政下で県民が受ける不条理に怒りも抱いていたが、一方で生活費を稼ぐ場は基地以外なかった。いつだったか、基地に入ろうとすると、抗議の市民から『ウチナーンチュなのに基地なんかで働くのか』と言われた。だったらあなたたちが生活の面倒を見てくれるのかと、当時は反発した」（上原昌栄　↓201頁）

12月21日　米軍が沖縄雇用員３０００人の解雇を発表

1971年

6月17日　沖縄返還協定、日米同時調印式

10月10日　那覇大綱挽、36年ぶりの復活

11月10日　沖縄返還協定反対のゼネスト、過激派が機動隊と衝突、警官1人が死亡　↓47頁

「デモに覆面とヘルメットで加わり、全軍労（当時）の中でも血気盛んな牧港青年部の後ろにくっついて歩いた。軍道1号はデモ隊で埋め尽くされていた。ふと気付くと目の前に複数の機動隊が固まっている。その手前で一人の機動隊員が地面に倒れ込み、煙を出してぴくぴく上下に揺

れているのが見えた。ほかの機動隊員が我に返って、鬼の形相でクモの子を散らすようにこちらへ追いかけてきた。まだ高校生だし、怖いじゃない。一目散に逃げた。捕まれば逮捕されると思った」（石川真生　→46頁）

11月17日　「復帰措置に関する建議書」の内容について屋良朝苗行政主席が記者会見で発表。同日、衆院の沖縄返還協定特別委員会で同協定が強行採決される

1972年

1月20日　第66回芥川賞に沖縄出身の東峰夫「オキナワの少年」決定

4月1日　沖縄国際大学開学

5月13日　政府、沖縄の交換レートを1ドル＝305円に決定

5月15日　沖縄の施政権返還。沖縄県発足

9月23日　那覇市国際通りで県内初の歩行者天国

11月26日　糸満市摩文仁で復帰記念植樹祭開催

1973年

4月24日　米軍、県道104号線を封鎖しての実弾砲撃演習を実施

5月3日　若夏国体開幕

11月26日　那覇市野ビル工事現場で大規模陥没事故

1974年

1月19日　屋良朝苗知事、ＣＴＳ立地に反対し、「無公害企業の誘致を要請する」などの〈1・19声明〉発表

3月2日　那覇市小禄の幼稚園構内で不発弾が爆発。４人死亡

4月1日　コザ市と美里村が合併、人口10万人都市の沖縄市が誕生

7月28日　ＣＴＳ誘致賛成・反対両派が衝突、多数の負傷者が出る

10月17日　県道１０４号越え実弾演習、阻止団が着弾地山頂に潜入し、中止に追い込む　↓173頁

「金武町の県道１０４号超え実弾演習阻止の喜瀬武原闘争に参加した時、封鎖されている県道１０４号に座り込んでいると、頭の上をシュルシュルと弾が飛んでいく。着弾すると、ドン、という地響きが内臓に響く。弾の音を聞いて衝撃を受けた。基地の実態を生々しく知りました」

（目取真俊　↓173頁）

1975年

4月20日　本部大橋開通

5月20日　沖縄自動車道開通

6月11日　県立平和祈念資料館、糸満市摩文仁に開館

7月17日　ひめゆりの塔事件

7月20日　**沖縄国際海洋博覧会が開幕**　↓211頁

「沖縄返還の72年に、観光客は年間4万人に満たなかった時代。75～76年の沖縄海洋博が、チャンス到来と見込んだ。43室だったホテルの増築を準備したが、ふたを開ければ、読みは外れ、八重山の観光客は減った。沖縄本島に訪れた客が八重山まで足を伸ばすことはまれだった。沖縄本島とは違う、『八重山観光』を確立しなければならないと考えるようになった」（宮平康弘↓211頁）

8月22日　対馬丸の海上慰霊祭挙行

10月11日　県、CTS用地埋め立てを許可

11月28日　沖縄市一番街オープン

1976年

1月18日　沖縄海洋博閉幕

6月13日　沖縄県知事選挙で平良幸市当選

7月27日　知念正真作、劇団集団「創造」による「人類館」の公演が始まる

10月10日　具志堅用高がWBAジュニアフライ級世界チャンピオンとなる

11月22日　宮古・八重山で電話の即時通話、テレビ（NHK）の同時放送開始

1977年

5月16日　公用地暫定使用法が期限切れで、反戦地主たちが米軍基地内に立ち入り

6月23日　沖縄戦戦没者の三十三回忌にあたる慰霊の日

11月18日　第1回沖縄の産業まつり開幕

1978年

7月30日　交通方法変更（ナナサンマル）実施、「人は右、車は左」へ

10月1日　沖縄平和祈念堂開堂

12月11日　平良幸市知事の病気辞任を受けての県知事選で西銘順治が初当選

1979年

7月5日　下地島パイロット訓練飛行場が開港

10月1日　琉球大学医学部開設

12月1日　米軍の実弾演習で金武村の水源地一帯が燃える大被害

1980年

8月4日　上原康恒、ジュニアライト級世界チャンピオン

三十三回忌を迎えた沖縄全戦没者追悼式

8月26日　全国中学バスケットボール選抜大会でコザ中学が全国優勝
10月29日　米軍演習中に恩納岳で出火、米軍は放置し40日間燃え続ける

1981年

1月7日　県、自衛官募集業務委託を決定
3月8日　具志堅用高、沖縄での14度目の防衛戦で敗れる
3月24日　那覇地裁、県内のトートーメーの継承習慣に違憲判決下す
3月29日　浦添市の夫妻、15人の「子宝日本一」に
4月1日　凍結されていた教師の主任制実施
11月13日　国頭村で新発見の野鳥、ヤンバルクイナと命名
12月16日　渡嘉敷勝男、ジュニアフライ級世界チャンピオンに

1982年

4月8日　伊計大橋完成
4月29日　友利正、WBCジュニアフライ級チャンピオンに
8月26日　南西航空機、石垣空港で着陸に失敗し、爆発炎上
「82年8月に南西航空機（当時）が滑走路を外れて爆発・炎上する事故が発生。危険性や騒音のほか重量制限、着陸時の急ブレーキなど、貨物輸送にも観光にもマイナスだった」（宮平康

弘　↓208頁）

12月12日　一坪反戦地主会結成

1983年

5月28日　無期限バスストに突入。バス争議は7カ月の長期に及ぶ

8月21日　第1回ピースフル・ラブ・ロック・フェスティバルとして、紫の再結成コンサート「MURASAKI　WHY　NOW?」を開催　↓17頁

「停滞気味の沖縄のロックシーンに活を入れる思い。そして平和に対する思い。ピースフル・ラブという名も僕が付けた。平和だからこそ、ここで演奏できて、見に来ている人も聴くことができる」（ジョージ紫　↓17頁）

10月11日　琉球銀行が株式上場、県内初

1984年

1月24日　前年9月に発見された昆虫が、新種であると発表、ヤンバルテナガコガネと命名

5月12日　南北大東島で世界初の衛星放送開始

8月2日　ロス五輪重量挙げで平良朝治が5位入賞

1985年

4月13日　壺屋焼の金城次郎が県初の「人間国宝」に指定

7月20日　この日付の朝日新聞に西銘順治知事のインタビュー掲載。「沖縄の心とは」と問われ「ヤマトンチュになりたくてなりきれない心」と即答し大きな話題に
12月8日　第1回NAHAマラソン開催

1986年

3月1日　日の丸・君が代実施で卒業式が混乱
4月11日　泊大橋開通
4月15日　県立芸術大学開学
7月27日　浜田剛史、ボクシングJウェルター級世界王者に
8月22日　県新庁舎、起工式

1987年

5月31日　牧港住宅地区（現在の那覇新都心地区）全面返還
6月21日　カデナ基地包囲大運動（「人間の鎖」で嘉手納基地を包囲）
9月20日　海邦国体夏季大会開幕。
「パレードする子どもたちを見ていた、涙が次から次にあふれてくる。沖縄はあの荒土から立ち上がり、子どもたちはこんなに元気。なんで号泣しているのかと隣の人は不思議だったかもしれないけれど。僕の中で子どもを撮り続ける使命感から解かれる一つの区切りになった」（山

田實　↓139頁）

10月8日　沖縄自動車道、石川―那覇間開通

10月25日　海邦国体秋季大会開幕。26日には日の丸焼き捨て事件起こる

1988年

2月9日　家永教科書検定訴訟、沖縄出張法廷開催（～10日）

5月26日　沖縄自由貿易地域が完成、日本初のフリーゾーン

10月1日　沖縄電力が民営化

10月19日　京都国体・高校野球で沖縄水産が初の全国制覇

1989年

4月26日　新石垣空港問題で県、白保海域を事実上断念

6月23日　ひめゆり平和祈念資料館開館　↓191頁

11月3日　首里城正殿復元起工式

1990年

2月1日　浦添市美術館開館

8月21日　沖縄水産高校、県勢初の甲子園準優勝。翌91年も同日の決勝で敗れ2年連続の準優勝

8月23日　世界のウチナーンチュ大会開幕（～26日）

10月27日　県立郷土劇場が完成
11月18日　県知事選で大田昌秀が４選目指す西銘順治を破り初当選

1991年

4月4日　県立看護学校開校
4月19日　県内初の再開発ビル「パレットくもじ」営業開始
11月5日　沖縄開発庁長官に伊江朝雄が就任、県出身初の大臣
12月31日　喜納昌吉がＮＨＫ紅白歌合戦初出場

1992年

2月14日　池間大橋開通
4月11日　平仲明信、ＷＢＡジュニアウェルター級王者に。県内ジムから初の世界チャンピオン
5月15日　復帰20周年式典、沖縄と東京で開催
10月14日　尚家文化財の那覇市へ寄贈調印式
11月3日　首里城公園開園、首里城正殿復元

1993年

1月10日　ＮＨＫ大河ドラマ「琉球の風」放映開始

首里城公園開園

4月23日　天皇陛下が全国植樹祭で初の沖縄訪問
11月20日　沖縄ジァンジァン閉館　↓165頁
11月24日　とよみ大橋開通
12月16日　宮古・八重山で民放テレビ放送開始

1994年

4月15日　名護市為又に名桜大学開学
6月1日　県内初の音楽専用ホール、シュガーホール開館

1995年

6月23日　「平和の礎」が除幕　↓65頁
8月1日　県立公文書館オープン
9月28日　大田昌秀知事　県議会で米軍基地強制使用のための代理署名拒否を表明　↓101頁

「サイン（署名）しないと大混乱するのは見えていたが、『当選したらノーと言おう』と申し合わせていた。しかも、相手は村山（富市）政権。彼は大分出身で自治労出身。旧知の仲だ。『大田は少なくとも最高裁までやりますよ』と伝えると、村山さんは『格好悪い』と言っていた。僕は『格好の問題じゃありませんよ。そうしないと（問題は）日本全体まで広がらない』と言った」「最高裁までいくと考えていた。まずはやれることからやろうと考えた。結果として、国

の省庁再編統合とともに機関委任事務がなくなった。沖縄の提起は大きな意味があった」(吉元政矩　↓100頁)

10月21日　「米軍人による少女暴行事件を糾弾し、日米地位協定の見直しを要求する沖縄県民総決起大会」開催　↓175頁

「県内で米兵による暴行事件が発生し、抗議集会に8万5千人が集まりました。しばらくして、ある生徒から、近隣高校で女子生徒が米兵に襲われたが、それを隠したまま退学した、という話を聞いた。『先生たちは今度の事件のことで騒いでいるけど、近くでこんなことがあったの知らないでしょう』と言われ、言葉が出なかった。事件として表に出るのは氷山の一角でしかない」(目取真俊　↓175頁)

1996年

1月11日　又吉栄喜の「豚の報い」が第114回芥川賞を受賞

1月30日　県が2015年までに基地全面返還を求めるアクションプログラムを国へ提示　↓101頁

4月1日　「らい予防法」廃止　↓63頁

4月12日　普天間飛行場の5~7年以内の返還で日米が合意

8月28日　代理署名訴訟で最高裁は知事敗訴の判決

9月8日　米軍基地の整理縮小と日米地位協定見直しについて賛否を問う全国初の県民投票

9月13日　大田昌秀知事が軍用地強制使用手続きに関する公告縦覧の代行応諾を表明

11月19日　沖縄米軍基地所在市町村に関する懇談会（島田懇談会）が提言をまとめ、梶山静六官房長官に提出

1997年

1月27日　普天間飛行場の辺野古移設に反対する区民らが「命を守る会」結成　↓53頁

2月14日　屋良朝苗が死去。初の公選行政主席、復帰後の初代知事　↓97頁

7月17日　第117回芥川賞に目取真俊の「水滴」

「主人公の徳正は戦後50年たって突然、忘れていた沖縄戦の記憶に向き合うことになる。壕に置いて逃げた同級生の霊が現れるようになって。地表に落ちた雨が何十年も掛けて浸透していき、ある日、地下の鍾乳洞に一滴の水滴が落ちるように、封印していた記憶が破られる。そういった人の思いを表現しました」（目取真俊　↓176頁）

8月8日　「沖縄の空手・古武術」が県の無形文化財に

12月12日　海底の「対馬丸」、53年ぶりに確認

12月21日　海上ヘリ基地の賛否を問う名護市民投票。反対票が賛成票を上回る

1998年

4月1日　特別自由貿易地域制度などを盛り込んだ沖縄振興開発特別措置法が施行

11月15日　県知事選。3期目を目指す大田昌秀を破り、稲嶺恵一が初当選

1999年

4月4日　選抜高校野球大会で沖縄尚学高校が県勢初の甲子園制覇
8月31日　老舗デパート沖縄山形屋が閉店
11月22日　稲嶺恵一知事が普天間飛行場の移設先として米軍キャンプ・シュワブ水域内名護市辺野古沿岸を選定

2000年

7月19日　2千円札が登場
7月21日　沖縄サミット開催（〜23日）。クリントン米大統領は平和の礎で演説
11月30日　「琉球王国のグスク及び関連遺産群」がユネスコの世界遺産に登録決定

2001年

4月2日　NHK朝の連続テレビ小説「ちゅらさん」がスタート
5月11日　熊本地裁が「らい予防法」違憲国家賠償請求訴訟で原告勝訴の判決を下す　↓63頁
「その日は愛楽園にいて判決はテレビで見ました。涙が出た。90年続いた行政の過ちが、やっと認められた。初めて自分たちで勝ち取った人権。これで先が見えてきた、と。私たちはずっと法律で押さえ込まれ、入り口はあっても出口がなかった。入所者が『これで帰れるんかな』

『堂々と外を歩けるかな』と話していたのを覚えています」
（金城雅春　↓62頁）

9月11日　米同時多発テロ発生。沖縄の米軍基地は厳戒態勢、沖縄観光もキャンセルが相次ぎ大打撃

10月5日　瀬長亀次郎が死去　↓241頁

11月10日　県知事を3期務めた西銘順治が死去　↓209頁

2002年

4月1日　久米島町誕生。県内では28年ぶりの市町村合併

8月21日　オリオンビールとアサヒビールが業務提携の合意を正式発表

11月1日　沖縄美ら海水族館オープン

2003年

6月7日　沖縄男性の平均寿命が26位に急落

8月10日　ゆいレール開業

9月12日　復帰後最大の台風14号が猛威。宮古島では特に甚大な被害

11月9日　衆院選、沖縄選挙区で国政参加以来最多の7議席を獲得

ゆいレール開業

2004年

1月18日　国立劇場おきなわが開場

3月7日　女子ゴルフの宮里藍がプロ初勝利

8月13日　沖縄国際大学に米軍ヘリが墜落

2005年

4月1日　平成の大合併でうるま市誕生。10月1日には宮古島市も誕生

9月2日　那覇防衛施設局、辺野古沖に設置した掘削ポイントを「台風対策」のため撤去

10月26日　興南高校男子ハンドボール部が県勢初の全国3冠を達成

10月29日　日米両政府が普天間飛行場の移設先を、辺野古沖からキャンプ・シュワブ沿岸部に見直し

11月20日　ダイエー那覇・浦添両店が閉店

2006年

3月31日　「しまくとぅばの日に関する条例」が制定　↓91頁

「しまくとぅばを定着させるには毎日が『しまくとぅばの日』になるよう、使うことを常に意識しなければならない。例えばわが家で実際にやっていたのだが、冷蔵庫に今週の言葉は『うきみそーちぃさい（おはようございます）』などと紙を貼り、実際に使っていかないといけない」

（上原直彦　↓91頁）

7月15日　ゴルフの世界ジュニア選手権で宮里美香（興南高2年）が初優勝

7月23日　那覇市出身の知花くららがミス・ユニバース2位に

11月19日　県知事選で仲井真弘多が初当選

2007年

8月20日　那覇空港国際線ターミナル駐機場で中華航空機が爆発、炎上。乗客、乗員はすべて無事

9月29日　「集団自決」教科書検定問題で県民大会。11万6千人が集まり抗議

10月24日　全国学力テストの結果発表。沖縄は2教科8種類のすべてで最下位に

11月1日　県立博物館・美術館が開館

2008年

4月4日　第80回春の甲子園大会で沖縄尚学高が2度目の全国制覇

9月17日　北京パラリンピックの車いす男子で、上与那原寛和が銀メダル獲得

2009年

1月14日　糸満市で不発弾が爆発

5月17日　プロバスケットｂｊリーグで琉球ゴールデンキングスが初優勝

2010年

4月25日　普天間飛行場の県内移設反対を訴え、約9万人が集結
5月23日　鳩山由紀夫首相、普天間飛行場の移設問題で、辺野古への回帰を仲井真弘多知事に表明
7月28日　美ら島沖縄総体が開幕
8月21日　甲子園で興南高校が春夏連覇。史上6校目
11月16日　組踊がユネスコの無形文化遺産に登録

2011年

3月10日　「沖縄はゆすりの名人」などと発言したメア米国務省日本部長が更迭
4月21日　最高裁、「集団自決」の軍関与を認める判決

2012年

5月15日　復帰40周年記念式典が宜野湾市で開催
9月1日　沖縄科学技術大学院大学学園（ＯＩＳＴ）が恩納村に開学
9月9日　オスプレイ配備に反対する県民大会開催
10月19日　南城市のサキタリ洞遺跡から1万2千年前の人骨と石器が出土と発表

2013年

1月28日　オスプレイの配備撤回と、普天間飛行場の閉鎖・撤去、県内移設断念を求めた「建白書」

を安倍晋三首相に提出

3月7日　「南ぬ島　石垣空港」が開港

4月28日　主権回復・国際社会復帰記念式典が開催。同日に宜野湾市で「4・28　屈辱の日　沖縄大会」が開かれた

11月25日　自民党の県関係国会議員が名護市辺野古移設容認へと公約を変更

12月27日　仲井真弘多知事が辺野古埋め立てを承認

2014年

7月27日　「沖縄建白書を実現し未来を拓く島ぐるみ会議」が結成　↓79頁

「建白書を東京へ届けに行き、デモ行進で罵声を浴びた。復帰43年たっても、新聞社をつぶせとか、まだ差別がある。オール沖縄で建白書を決めた心を無駄にしたくない」（大工哲弘↓78頁）

9月21日　沖縄三越が閉店

11月16日　県知事選で翁長雄志が再選を目指す仲井真弘多を破り初当選

2015年

1月31日　伊良部大橋開通

4月25日　県内最大の売り場面積のイオンモール沖縄ライカムが開業

6月14日　具志堅用高が国際ボクシング殿堂入り
6月25日　自民党勉強会で作家の百田尚樹と自民党議員が報道圧力発言
8月4日　辺野古工事の1カ月中断が発表される。12日から9月7日まで、政府と県による5回の集中協議開催
8月12日　うるま市伊計島南東沖に米軍ヘリが墜落
10月13日　翁長雄志知事が前知事による辺野古埋め立て承認を取り消し

2016年

6月19日　元米海兵隊員による会社員女性の暴行殺人事件に抗議し、在沖米海兵隊の撤退を求める県民大会に6万5千人が集結
8月3日　2020年東京五輪の正式種目に沖縄発祥「空手」が決定
12月13日　名護市安部の海岸にオスプレイが墜落
12月20日　最高裁は辺野古埋め立て承認取り消しに関する県側の上告受理申し立ての訴えを棄却。県が敗訴。

2017年

5月20日　比嘉大吾がWBCフライ級タイトルマッチで新王者に
5月29日　宮里藍が引退表明

6月12日　大田昌秀元知事が死去
10月11日　東村高江の民間地で普天間飛行場所属のCH53E大型輸送ヘリが炎上
12月13日　宜野湾市の普天間第二小学校の校庭にCH53E大型輸送ヘリの窓が落下

2018年

3月18日　浦添市西洲と宜野湾市宇地泊を結ぶ臨港道路浦添線と浦添北道路が開通
8月8日　翁長雄志知事が死去
9月16日　安室奈美恵が引退
9月30日　玉城デニーが知事就任
11月3日　FC琉球のJ2昇格決定
11月27日　西部ライオンズの山川穂高内野手がパ・リーグ最優秀選手（MVP）に選出。
11月29日　宮古島のパーントゥがユネスコ無形文化遺産に登録
12月14日　沖縄防衛局が辺野古新基地建設のため、埋め立て土砂の投入開始

辺野古の海に土砂投入

2019年

2月24日　辺野古沖の埋め立ての賛否を問う県民投票が行われ、「反対」が7割を占めた
3月29日　オリオンビールが「オーシャン・ホールディングス」の子会社に
5月1日　新元号「令和」施行
5月15日　組踊上演300年記念事業式典が国立劇場おきなわで開幕
10月1日　沖縄都市モノレール（ゆいレール）、てだこ浦西駅まで初運行
10月31日　首里城で火災が発生し、正殿、北殿、南殿を含む8棟が焼損

2020年

4月20日　新型コロナウイルスの感染拡大を受け、玉城デニー知事は沖縄県独自の「緊急事態宣言」を発表
8月1日　新型コロナウイルスの感染拡大を受け、玉城デニー知事は2度目の「緊急事態宣言」を発表

参考文献：『沖縄大百科事典　別巻』『写真記録　沖縄戦後史』『沖縄タイムス自分史テキスト』（いずれも沖縄タイムス社刊）ほか「沖縄タイムス」記事より

中部支社販売部、政経部、中部報道部、宮古支局を経て、現在政経部

西江昭吾　にしえ・しょうご　大工哲弘（→ 67 頁）担当

1975 年生まれ。99 年入社。校閲部、社会部、中部支社編集部、社会部、整理部、東京支社編集部、政経部、社会部、東京支社報道部を経て、現在社会部部長

西江千尋　にしえ・ちひろ　金城雅春（→ 55 頁）、目取真俊（→ 169 頁）担当

1986 年生まれ。2013 年入社。社会部。19 年退職後、現在団体職員

福元大輔　ふくもと・だいすけ　宮平康弘（→ 205 頁）担当

1977 年生まれ。2003 年入社。社会部、八重山支局、北部支社編集部、社会部、政経部、特別報道チームを経て、現在政経部

前田高敬　まえだ・たかゆき　北島角子（→ 19 頁）担当

1972 年生まれ。2007 年入社。政経部、東京支社編集部、政経部、整理部、特別報道チーム、中部報道部を経て、現在整理部

松崎敏朗　まつざき・としろう　吉元政矩（→ 93 頁）、吉田妙子（→ 157 頁）担当

1980 年生まれ。神奈川新聞を経て 2012 年朝日新聞に入社。秋田総局、東京社会部を経て 15 年 4 月から記者交流制度で沖縄タイムスへ出向、社会部で勤務。現在朝日新聞メディアデザインセンター。

宮城栄作　みやぎ・えいさく　川平朝清（→ 233 頁）担当

1971 年生まれ。98 年入社。社会部、学芸部、浦添支社編集部、通信部、朝日新聞社派遣、政経部、社会部、東京支社編集部、東京支社報道部、総合メディア企画局デジタル部を経て、現在編集局次長兼報道本部長

吉川毅　よしかわ・つよし　ジョージ紫（→ 7 頁）担当

1974 年生まれ。2004 年入社。中部支社編集部、社会部、編集局局付、東京支社編集部、社会部、北部報道部を経て、現在東京報道部長

執筆者紹介（五十音順）　2020年10月末現在

新垣綾子　あらかき・あやこ　仲田幸子（→117頁）、山田實（→129頁）、中山きく（→181頁）担当

1978年生まれ。2000年入社。運動部、社会部、編集局局付、社会部、政経部、社会部を経て、現在学芸部

磯野直　いその・なおし　上原正三（→141頁）、古堅実吉（→217頁）担当

1969年生まれ。95年入社。写真部、北部支社編集部、社会部、中部支社編集部、整理部、中部支社編集部、運動部、社会部、運動部、社会部を経て、現在運動部部長

篠原知恵　しのはら・ちえ　石川真生（→43頁）担当

1987年生まれ。2013年入社。政経部、社会部、中部報道部を経て、現在社会部

島袋晋作　しまぶくろ・しんさく　安仁屋宗八（→31頁）担当

1979年生まれ。2002年入社。中部支社編集部、東京支社編集部、政経部、経営企画室、社会部を経て、現在政経部

城間有　しろま・あり　上原美智子（→247頁）担当

1974年生まれ。2001年入社。社会部、南部総局編集部、政経部、整理部、学芸部、調査部、総合メディア企画局経営企画部、学芸部、整理部を経て、現在社会部

城間陽介　しろま・ようすけ　上原昌栄（→193頁）担当

1988年生まれ。2012年入社。写真部、社会部、北部報道部を経て、現在社会部

渡慶次佐和　とけし・さわ　又吉栄喜（→105頁）担当

1981年生まれ。2006年入社。社会部、学芸部、社会部、整理部、社会部、整理部を経て、現在営業局営業部

仲田佳史　なかだ・よしひと　上原直彦（→81頁）担当

1981年生まれ。2005年入社。社会部、通信部、販売局企画管理部、

沖縄を語る　2

次代への伝言

2020年11月28日　初版第1刷発行　（定価はカバーに表示してあります）

編　者　沖縄タイムス社

発行者　武富　和彦

発行所　株式会社沖縄タイムス社

〒900-8678　沖縄県那覇市久茂地２－２－２

Telephone　098-860-3591

Facsimile　098-860-3830

Website　http://www.okinawatimes.co.jp/

カバーデザイン＝具志堅恵（沖縄タイムス編集局編制本部デザイン班）

印刷＝文進印刷株式会社／製本＝沖縄製本株式会社

Printed in Japan

ISBN 978-4887127-276-6